君臣鉴戒第六

贞观三年，太宗谓侍臣曰：『君臣本同治乱①，共安危，若主纳忠谏，臣进直言，斯故君臣合契，古来所重。若君自贤，臣不匡正，欲不危亡，不可得也。君失其国，臣亦不能独全其家。至如隋炀帝暴虐，臣下钳口，卒令不闻其过，遂至灭亡，虞世基等寻亦诛死。前事不远，朕与卿等可得不慎？无为后所嗤！』

注释 ①治乱：治理混乱的局面，使国家安定、太平。

译文 贞观三年（629年），唐太宗对侍从的大臣说：『君主和臣属本来就是一起治理混乱，共同安定危局，如果君主采纳忠诚的劝谏，臣属进献正直的言论，这样所以君臣才能和谐默契，自古以来被重视。如果君主自以为贤明，大臣不匡救纠正，想要不危险灭亡，是不可能的。君主如果丧失了他的国家，大臣们也不能独自保全自己的家庭。以至于像隋炀帝一样暴虐，大臣们都闭口不言，最终也让他听不到别人提出自己的过错，于是导致了灭亡，虞世基等人不久也被杀掉。前人的教训就在眼前，我和你们难道能够不慎重吗？不要被后人嗤笑啊！』

评点 《贞观政要》中，唐太宗多次引用隋炀帝与虞世基君臣的结局来告诫大臣，说明其对君臣之间同心同德、共同处理好国家事务的期待和重视。

贞观四年，太宗论隋日。魏征对曰：『臣往在隋朝，曾闻有盗发，炀帝令于士澄捕逐。但有疑似，苦加拷掠①，枉承贼者二千余人，并令同日斩决。大理丞张元济怪之，试寻其状。乃有六七人，盗发之日，先禁他所，被放才出，亦遭推勘②，不胜苦痛，自诬③行盗。元济因此更事究寻，二千人内惟九人逗遛不明④。官人有谙识⑤者，就九人内四人非贼。有司以炀帝已令斩决，遂不执奏，并杀之。』太宗曰：『非是炀帝无道，臣下亦不尽心。须相匡谏，不避诛戮，岂得惟行谄佞⑥，苟求悦誉？君臣如此，何得不败？朕赖公等共相辅佐，遂令囹圄空虚。愿公等善始克终，恒如今日！』

注释 ①拷掠：拷打。②推勘：审问。③自诬：自行承认妄加于己的不实之词。④逗遛不明：不清楚在哪里停留。逗遛：同『逗留』，停留。⑤谙识：熟识。谙：熟悉。⑥谄佞：花言巧语，阿谀逢迎。

译文 贞观四年（630年），唐太宗谈论隋朝时的事情。魏征回话说：『我以前在隋朝的时候，曾经听说有一次有盗贼出现，隋炀帝令于士澄追捕。只要有怀疑像盗贼的，就重重地加以拷打，含冤承认自己是盗贼的达两千多人，命令在同一天一起斩首处决。大理丞张元济对此感到奇怪，想要探察其中的真相。竟然有六七个人，盗贼事件发生时，已经被囚禁在其他地方，刚刚才被放出来，也受到了审问，熬不过拷打的痛苦，自己不顾事实承认干了盗贼的勾当。张元济因此进一步审察，两千人中只有九个人事发时行踪无法确定。官府中有熟悉这些人的人，这九个人中有四个不是盗贼。有关机构因为隋炀帝已经下令斩首处决，于是不再据实上奏，全部处死了他们。』唐太宗说：『不只是隋炀帝无道，臣贞观六年，太宗谓侍臣曰："朕闻周、秦初得天下，其事不异。然周则惟善是务，积功累德，所以能保八百之基。秦乃恣其奢淫，好行刑罚，不过二世即灭。岂非为善者福祚延长，作恶者降年不永？朕又闻桀、纣帝王，以匹夫比之，则以为辱；颜、闵匹夫，以帝王比之，则以为荣。此亦帝王深耻也。朕每将此事以为鉴戒，常恐不逮，为人所笑。"魏徵对曰："臣闻鲁哀公谓孔子曰：'有人甚忘者，徙宅乃忘其妻。'孔子曰：'又有甚于此者，丘见桀、纣之君乃忘其身。'愿陛下每以此为虑，庶免后人笑尔。"

【注释】

① 降年：上天赐予人的时间，常用以指年龄、寿命、统治的长短等。② 颜、闵：孔子的弟子颜回和闵损，均以德行著称。③ 不逮：不足之处，过错。④ 鲁哀公：春秋末年鲁国的国君，公元前494年至公元前468年在位。⑤ 庶：也许，或许。

【译文】

贞观六年（634年），唐太宗对侍从的大臣说："我听说周朝和秦朝在刚取得天下的时候，情况没有什么不同。但是周朝只做符合善的要求的事情，积累功德，所以能够保持八百年的基业。秦朝却放纵地奢侈淫逸，喜欢施行刑罚，没有超过二世就灭亡了。这难道不是为善者福禄绵延长久，作恶者上天赐予的时间不会长久吗？我又听说，夏桀和商纣都是帝王，把普通老百姓同他们相比，都以为是耻辱；颜回和闵损是普通老百姓，把帝王同他们相比，都以为是荣耀。这也是做帝王的深感羞耻的事情。我经常将这件事引以为戒鉴，常常怕有过错，被人们所嗤笑。"魏徵回答说："我听说鲁哀公对孔子说：'有一个人非常好忘事，搬家之后就忘记了自己的妻子。'孔子说：'还有比这更好忘事的人，我看夏桀、商纣这样的君主，就是忘记了他们自身。'希望陛下经常想想这些事，或许可以免于被后人嗤笑。"

【评点】

社会管理者如果不以公共利益作为自己追求的对象，迟早会被老百姓抛弃，被后世所唾弃。

惟善是务，积功累德，所以能保八百之基。秦乃恣其奢淫，好行刑罚，不过下也不尽心。必须进行匡正劝谏，不要畏惧被杀戮，怎么能够不失败呢？我依赖你们一起辅佐，怎么能够监狱中没有犯人。希望你们善始善终，常像今天的情形一样！"

【评点】

常言说得好："兼听则明，偏听则暗。"隋炀帝的大臣们之所以不忠心进谏，同隋炀帝个人不能容忍大臣提出不同意见也是有很大关系的。

能争也。」终不敢复有开说④。况陛下功德之盛，以汉祖方之，彼不足准。即位十有五年，圣德光被⑤，今又平殄高昌。屡以安危系意，方⑥欲纳用忠良，开直言之路，天下幸甚。昔齐桓公与管仲、鲍叔牙、宁戚四人饮，桓公谓叔牙曰：「盍起为寡人寿乎？」叔牙奉觞而起曰：「愿公无忘出在莒时，使管仲无忘束缚于鲁时，使宁戚无忘饭牛⑦车下时。」桓公避席而谢曰：「寡人与二大夫能无忘夫子之言，则社稷不危矣！」』太宗谓征曰：『朕必不敢忘布衣时，公不得忘叔牙之为人也。』

注释 ①高昌：古国名，在今新疆境内。②议：责备。③张子房：即张良，字子房，曾辅佐刘邦平定天下。④开说：进言，陈述。⑤光被：遍及。⑥方：又。⑦饭牛：喂牛。

译文 贞观十四年（640年），唐太宗因为高昌被平定，招来侍从的大臣在两仪殿赐宴，他对房玄龄说：『高昌如果不失掉作为臣下的礼节，怎么能够导致灭亡呢？我平定了这样一个国家，心里非常忧虑恐惧，只有戒除骄奢淫逸来自我提防，采纳忠诚正直的言论来自我匡正。远离邪恶奸佞之徒，任用贤明善良之人，不因为小人的言论而责备君子，以此来谨慎地持守，差不多可以获得安定吧。』魏征进言说：『我看自古以来帝王平定祸乱开创功业，一定自己警惕谨慎，采纳普通百姓的议论，听从忠诚正直之人的建议。天下一旦安定之后，就会放纵情欲，喜欢谄媚阿谀，厌恶听到直言规谏。张子房，是汉王刘邦的出谋划策之臣，等到刘邦成为天子之后，将要废黜嫡长子而立庶出之子为太子，张良说：「今天的事情，不是靠口舌之力能够争辩的。」最终不敢再有进言。况且陛下的功绩和德行如此之高，用汉高祖来比较，

他是无法比得上的。您即位已经十五年，圣德已经遍及天下，如今又平灭了高昌。您经常把国运安危放在心上，又打算吸纳任用忠良之臣，广开直言进谏之路，天下人太幸运了。当初齐桓公与管仲、鲍叔牙、宁戚四个人饮酒，齐桓公对鲍叔牙说：「为什么不起身向我祝酒呢？」鲍叔牙端着酒杯站起来说：「希望国君您不要忘记逃亡在莒国之时，让管仲不要忘记在鲁国受囚禁之时，让宁戚不要忘记在牛车下喂牛之时。」齐桓公离开座位道谢说：「我与两位大夫能够不忘记您的话，那么社稷就没有危险了！」』唐太宗对魏征说：『我一定不会忘记做普通老百姓的时候，你也不要忘记鲍叔牙的为人之道啊。』

评点 居安思危，谨慎戒惧，不要产生骄傲怠惰的情绪，是唐太宗君臣一直非常重视的一件事情。

贞观十四年，特进魏征上疏曰：

臣闻君为元首，臣作股肱，齐契①同心，合而成体，体或不备，未有成人。然则首虽尊高，必资手足以成体；君虽明哲，必藉股肱以致治。《礼》云：『民以君为心，君以民为体，心庄则体舒，心肃则容敬②。』《书》云：『元首明哉！股肱良哉！庶事康哉！』『元首丛脞哉！股肱惰哉！万事堕哉！』③然则委弃④股肱，独任胸臆，具体成理，非所闻也。

夫君臣相遇⑤，自古为难。以石投⑥水，千载一合，以水投石，无时不有。其能开至公之道，申天下之用⑦，内尽心膂⑧，外竭股肱，和若盐梅⑨，固

同金石者，非惟高位厚秩[10]，在于礼之而已。昔周文王游于凤凰之墟，袜系解，顾左右莫可使者，乃自结之。岂周文之朝尽为俊乂[11]，圣明之代独无君子者哉？但知与不知，礼与不礼耳！是以伊尹，有莘之媵臣[12]；韩信，项氏之亡命[13]。殷汤致礼，定王业于南巢[14]，汉祖登坛[15]，成帝功于垓下[16]。若夏桀不弃于伊尹，项羽垂恩于韩信，宁肯败已成之国，为灭亡之虏乎？又微子，骨肉也，受茅土[17]于宋；箕子，良臣也，陈《洪范》[18]于周，仲尼称其仁，莫有非之者。《礼记》称[19]：『鲁穆公问于子思[20]曰：「为旧君反服[21]，古欤？」子思曰：「古之君子，进人以礼，退人以礼，故有旧君反服之礼也。今之君子，进人若将加诸膝，退人若将队诸泉[22]。毋为戎首[23]，不亦善乎？又何反服之礼之有？」』齐景公问于晏子曰：『忠臣之事君如之何？』晏子对曰：『有难不死，出亡不送。』公曰：『裂地[24]以封之，疏爵[25]而待之，有难不死，出亡不送，何也？』晏子曰：『言而见用，终身无难，臣何死焉？谏而见纳，终身不亡，臣何送焉？若言不见用，有难而死，是妄死[26]也；谏不见纳，出亡而送，是诈忠也。』《春秋左氏传》[27]曰：『崔杼弑齐庄公，晏子立于崔氏之门外，其人曰：「死乎？」曰：「独吾君也乎哉！吾死也？」曰：「行乎？」曰：「吾罪也乎哉！吾亡也？故君为社稷死，则死之；为社稷亡，

则亡之。若为己死，为己亡，非其亲昵，谁敢任之？」门启而入，枕尸股而哭，兴[28]，三踊[29]而出。』孟子曰[30]：『君视臣如手足，臣视君如腹心；君视臣如犬马，臣视君如国人；君视臣如粪土，臣视君如寇仇。』虽臣之事君无二志，至于去就之节，当缘恩之厚薄。然则为人主者，安可以无礼于下哉？

窃观在朝群臣，当主枢机[31]之寄者，或地邻秦、晋，或业与经纶，并立事立功，皆一时之选，处之衡轴[32]，为任重矣。任之虽重，信之未笃，则人或自疑。人或自疑，则心怀苟且。心怀苟且，则节义不立。节义不立，则名教[33]不兴。名教不兴，而可与固太平之基，保七百之祚，未之有也。又闻国家重惜功臣，不念旧恶[34]，方之前圣，一无所间。然但宽于大事，急于小罪，临时责怒，未免爱憎之心，不可以为政。君严其禁，臣或犯之，况上启其源，下必有甚，川壅而溃，其伤必多，欲使凡百黎元，何所措其手足？此则君开一源，下生百端之变，无不乱者也。《礼记》曰[35]：『爱而知其恶，憎而知其善。』若憎而不知其善，则为善者必惧；爱而不知其恶，则为恶者实繁。《诗》曰：『君子如怒，乱庶遄沮[36]。』然则古人之震怒，将以惩恶，当今之威罚，所以长奸。此非唐、虞之心也，非禹、汤之事也。《书》曰[37]：『抚我则后，虐我则仇。』荀卿子曰：『君，舟也，民，水也。水所以载舟，

亦所以覆舟。』故孔子曰：『鱼失水则死，水失鱼犹为水也。』故唐、虞战战栗栗，日慎一日。安可不深思之乎？安可不熟虑之乎？

夫委大臣以大体㊳，责小臣以小事，为国之常也，为治之道也。今委之以职，则重大臣而轻小臣；至于有事，则信小臣而疑大臣。信其所轻，疑其所重，将求至治，岂可得乎？又政贵有恒，不求屡易。今或责小臣以大体，或责大臣以小事，小臣乘非所据，大臣失其所守，大臣或以小过获罪，小臣或以大体受罚。职非其位，罚非其辜，欲其无私，求其尽力，不亦难乎？小臣不可委以大事，大臣不可责以小罪。任以大官，求其细过，刀笔之吏㊴，顺旨承风㊵，舞文弄法㊶，曲成其罪。自陈也，则以为心不伏辜㊷；不言也，则以为所犯皆实。进退惟谷㊸，莫能自明，则苟求免祸。大臣苟免，则谲诈萌生㊹。谲诈萌生，则矫伪㊺成俗。矫伪成俗，则不可以臻至治矣。

又委任大臣，欲其尽力，每官有所避忌不言，则为不尽。若举得其人，何嫌㊻于故旧？若举非其任，何贵于疏远？待之不尽诚信，何以责其忠恕㊼哉！臣虽或有失之，君亦未为得也。夫上之不信于下，必以为下无可信矣。若必下无可信，则上亦有可疑矣。《礼》曰㊽：『上人疑，则百姓惑。下难知，则君长劳。』上下相疑，则不可以言至治矣。当今群臣之内，远在一方，

流言三至而不投杼者㊾，臣窃思度，未见其人。夫以四海之广，士庶之众，岂无一二可信之人哉？盖信之则无不可，疑之则无可信者，岂独臣之过乎？夫以一介庸夫结为交友㊿，以身相许，死且不渝(51)，况君臣契合，寄同鱼水。若君为尧、舜，臣为稷、契(52)，岂有遇小事则变志，见小利则易心哉！此虽下之立忠未有明著，亦由上怀不信，待之过薄之所致也。岂君使臣以礼，臣事君以忠乎！以陛下之圣明，以当今之功业，诚能博求时俊，上下同心，则三皇(53)可追而四，五帝可俯而六矣。夏、殷、周、汉，夫何足数！

太宗深嘉纳之。

注释

①齐契：同心默契。②民以君为心，君以民为体，心庄则体舒，心肃则容敬：出自《礼记·缁衣》。舒：从容舒缓。③『元首明哉！股肱良哉！庶事康哉！』『元首丛脞哉！股肱惰哉！万事堕哉！』：出自《尚书·益稷》。康：安乐，安宁。丛脞：琐碎，杂乱。《尚书》孔安国传曰：『丛脞，细碎无大略。』④委弃：舍弃，抛弃。⑤相遇：相合，相互融洽。⑥投：合。如『意气相投』之『投』。⑦用：物质，资财。引申为利益。⑧心膂：心与脊骨。引申为心思精力。⑨盐梅：盐和梅子。盐味咸，梅味酸，均为调味所需。引申为调和，和谐。⑩厚秩：丰厚的俸禄。秩：古代官吏的俸禄。⑪俊乂：才德出众的人。《尚书·皋陶谟》有：『俊乂在官。』孔颖达疏曰：『乂，训为「治」，故云「治能」。马、王、郑皆云，才德过千人为俊，百人为乂。』⑫伊尹，有莘之媵臣：伊尹，商汤时的大臣。名伊，一说名挚。他曾在『有莘之野』躬耕务农，后来作为有莘氏之女的陪嫁仆人到了商，几经周折为商的首领汤重用，并助汤灭夏。汤死后，又先

后辅佐卜丙、仲壬、太甲，死于沃丁之时。伊尹辅佐商朝历60余年，历史上一直被当做贤相的代表。有莘：古国名，在今山东曹县北。媵臣：古代随嫁的臣仆。《史记·殷本纪》中说：『伊尹名阿衡。阿衡欲奸汤而无由，乃为有莘氏媵臣，负鼎俎，以滋味说汤，致于王道。』⑬韩信，项氏之亡命：韩信，汉初功臣，辅佐刘邦平定天下。韩信早期曾经投奔项羽，未被重用而逃离。⑭南巢：在今安徽境内，商汤将夏桀流放到此处。⑮汉祖登坛：刘邦为了表示对韩信的重视，专门筑坛，登坛拜将，以示隆重。⑯垓下：在今安徽灵璧境内。楚汉之争中，垓下一役，刘邦将项羽彻底击败。⑰茅土：指王、侯受天子之封爵。天子分封王、侯时，用代表方位的五色土筑坛，按封地所在方向取一色土，包以白茅而授之，作为受封者得以有国建社的表征。⑱《洪范》：《尚书》中的一篇，相传为箕子所作，陈述给周武王，主要内容为国家治理的主要原则，共分九条，称作『洪范九筹』。⑲《礼记》称：下面的记载出自《礼记·檀弓下》。⑳子思：即孔子的孙子孔伋，相传《中庸》是他的作品。㉑反服：已脱离隶属关系的臣下为旧君服丧。㉒队诸泉：推到深渊里。队：同『坠』。泉：《礼记》原作『渊』，因避唐高祖李渊讳。㉓戎首：发动战争的主谋、祸首。《礼记·檀弓下》郑玄注曰：『为兵主来攻伐曰戎首。』㉔裂地：划分土地。㉕疏爵：分封爵位。㉖妄死：无意义的死。㉗《春秋左氏传》曰：下面的文字出自《左传·襄公二十五年》。《春秋左氏传》，简称《左传》，《春秋》三传之一，相传为左丘明所著。㉘兴：起来。㉙三踊：古代丧礼仪式之一，向死者跳脚号哭，以示哀痛。初死、小敛、大敛皆哭踊，谓之三踊。㉚孟子曰：下面的文字出自《孟子·离娄下》。原文为：『君之视臣如手足，则臣视君如腹心；君之视臣如犬马，则臣视君如国人；君之视臣如土芥，则臣视君如寇雠。』㉛枢机：朝廷中的机要部门或职位。㉜衡轴：天文仪器的转轴，比喻中枢要职。㉝名教：即礼教。儒家的礼教强调正名定分，故又称名教。㉞旧恶：旧怨。㉟《礼记》曰：下面的文字出自《礼记·曲礼上》。㊱君子如怒，乱庶遄沮：出自《诗经·小雅·巧言》。遄：音chuán，快，迅速。沮：阻止，终止。㊲《书》曰：下面的文字出自《尚书·泰誓下》。㊳大体：这里指大事，大任。㊴刀笔之吏：执掌文案的官吏。㊵承风：迎合上官的意图。风：口风。㊶舞文弄法：玩弄文字，曲解法律。㊷伏辜：服罪，承担罪责而死。㊸进退惟谷：无论是进还是退，都是处在困境之中。形容进退两难。㊹谲诈萌生：谲诈：狡诈，奸诈。萌生：初生，发生。㊺矫伪：作伪，虚假。㊻嫌：厌恶，记恨。㊼忠恕：儒家的一种道德规范。忠：指尽心为人；恕：指推己及人。《论语·里仁》中有：『夫子之道，忠恕而已矣。』朱熹《集注》曰：『尽己之谓忠，推己之谓恕。』㊽《礼》曰：下面的文字出自《礼记·缁衣》。㊾流言三至而不投杼者：《史记·甘茂列传》中记载：『昔曾参之处费，鲁人有与曾参同姓名者杀人，人告其母曰「曾参杀人」，其母织自若也。顷之，一人又告之曰「曾参杀人」，其母尚织自若也。顷又一人告之曰「曾参杀人」，其母投杼下机，逾墙而走。』杼：织布机上的梭子。㊿交友：朋友。(51)不渝：不改变。(52)稷、契：稷：即后稷，相传为周朝的祖先，尧舜时主管农业生产。契：音xiè，相传为商朝的祖先，曾助大禹治水有功，被舜封为司徒。(53)三皇：上古三位君主。具体指哪三位，历来所说不一。一说指伏羲、神农、黄帝。如《庄子·天运》有：『余语汝三皇五帝之治天下。』成玄英疏曰：『三皇者，伏羲、神农、黄帝也。』一说指伏羲、神农、女娲。如高诱注《吕氏春秋·用众》『此三皇五帝之所以大立功名也』说：『三皇，伏羲、神农、女娲也。』一说指伏羲、神农、燧人。如汉代班固《白虎通·号》中说：『三皇者，何谓也？谓伏羲、神农、燧人也。』一说指伏羲、神农、祝融。如汉代班固《白虎通·号》中又说：『《礼》曰：伏羲、神农、祝融，三皇也。』一说指天皇、地皇、泰皇。如《史记·秦始皇本纪》中说：『古有天皇、有地皇、有泰皇。泰皇最贵。』一说指天皇、地皇、人皇。如《春秋纬》中说：『天皇、地皇、人皇，兄弟九人，分九州，长天下也。』

治理的目标。《礼记》中说：『民众以君主为腹心，君主以民众为肢体，内心庄重则身体从容，内心严肃则容貌恭敬。』《尚书》中说：『君主圣明啊！大臣贤良啊！万事安宁啊！』『元首行事杂乱啊！大臣怠惰啊！万事荒废啊！』既然这样，那么如果舍弃了四肢，只是使用心胸，还能够使身体完备并且有条理，这样的道理没有听说过。

君主和臣下相互默契，自古以来就是困难的事情。让石头主动去迎合水流，千年才能相合一次，让水流去迎合石头，什么时候都可能发生。那些能够开辟最公正的道路，申明追求天下人的公利，内能够尽到心思，外能够竭尽气力，调和得如同盐和梅一样，坚固得如同金和石一样的人，靠的不只是高爵位和厚俸禄，只在于遵循礼制而已。当初周文王在凤凰之墟巡游，系袜的带子开了，看了看左右没有适合使唤的人，于是自己系上带子。难道是周文王的时代都是才德出众的人，而唯独现在的圣明时代没有贤德的君子吗？只在于了解与不了解，礼遇与不礼遇而已！所以伊尹，本来是有莘之女的陪嫁仆人；韩信，本来是项羽手下的逃亡士卒。商汤待伊尹以礼，在南巢实现了帝王之业；汉高祖登坛拜将，垓下成就了帝王之功。如果夏桀不抛弃伊尹，项羽施恩德于韩信，怎么能够失掉已经建立起的国家，成为灭国亡身之人呢？还有，微子，是商纣王的至亲骨肉，被周朝分封到宋国；箕子，是商朝的忠良之臣，对周王陈述洪范九筹，孔子称他们是仁人，没有人非议他们。《礼记》中记载：『鲁穆公问子思说：「为原来的君主服丧，是古代就有的吗？」子思说：「古代的君子，起用人遵循礼节，黜退人遵循礼节，所以有为原来的国君服丧的礼节。今天的君子，起用人的时候喜爱到好

像要把他抱到自己的膝盖上，黜退人的时候恨不能把他推到深渊里。不做发动战争的主谋来攻打旧主，不已经很好了吗？又哪里会有回来为旧主服丧的礼节？」』齐景公曾经问晏子说：『忠臣怎样侍奉君主？』晏子回答说：『国君有难的时候不去死，国君逃亡的时候不相送。』齐景公说：『划出了土地来封给他，分封了爵位来对待他，国君有难的时候不去死，国君出逃的时候不相送，为什么？』晏子说：『进言而被采用，终身不会有难，臣下为什么要死呢？劝谏而被采纳，终身不会逃亡，臣下为什么要送呢？如果进言不被采用，国君有难的时候就去死，这是无意义的死；劝谏不被采纳，国君出逃的时候又相送，这是假忠心。』《春秋左氏传》中说：『崔杼弑杀了齐庄公，晏子站在崔家的门外，看门的人说：「你来送死吗？」晏子说：「那是我一个人的君主吗？我送什么死呢？」看门人又问：「你要逃走吗？」晏子说：「这件事是因为我的过错吗？我为什么要逃走呢？所以国君为了国家而死，就为他去死；为了国家而逃亡，就随他逃亡。如果他是为了自己而死，为了自己而逃亡，不是他亲近的人，谁敢那样做？」崔家的门打开了，晏子进去，把国君尸体的头枕在自己大腿上抱着大哭，然后起来，行了哭踊之礼就出来了。』孟子说：『君主把臣下看得如同手足，臣下就会把君主看得如同心腹；君主把臣下看得如同供驱使的犬马，臣下就会把国君看得如同普通的陌生人；君主把臣下看得如同粪土，臣下就会把君主看得如同敌人。』虽然臣下侍奉君主没有二心，但至于离开和归附的礼节，应当根据恩德的厚薄来确定，既然这样，那么作为君主的，怎么可以对臣下无礼呢？

我看在朝的这些大臣，担当着掌管朝中关键部门的职责的人，有的负责与秦晋相接的各险要区域，有的参与筹划国家大事，大家都是在做事立功，都是选拔出来的一个时代的贤才，身处中枢要职，担当的责任重大。担负的责任虽然

心里怀有敷衍了事的念头，那么气节和道义就不会树立。气节和道义不树立，那么礼教就不会振兴。礼教不振兴，而能够同君主一起稳定太平的基业，延续七百年的帝业，是从来没有过的。我又听说，国家重用、爱惜有功之臣，不对旧怨念念不忘，这样比起以前的圣人，没有任何区别。但是，如果只是对大事显得宽容，对小的罪过却急于追究，动不动就指责、发怒，不能够去除个人的爱恨感情，则不能够治理好国家。君主对于禁令必须严格要求，臣下仍可能会有人触犯，况且上面如果开启了一个源头，下面一定就会加倍，如同河流因壅塞而溃决，伤害的人一定会很多，这样打算使天下的黎民百姓，到哪里去安身？这也就是说君主如果开了一个不好的头，下面一定会生出百种变化，没有不导致混乱的。《礼记》中说：『对于喜欢的人要知道他的缺点，对于憎恶的人要知道他的长处。』如果憎恶而不知道他的长处，那么为善的人一定会害怕；喜欢而不知道他的短处，那么为恶的人必然会更多。《诗经》中说：『君子一旦发了怒，混乱迅速被终止。』然而，古人大发雷霆，将为了惩治邪恶，今天的严刑峻法，却用来主张奸邪。这不是唐尧、虞舜所想的，不是夏禹、商汤所做的。《尚书》中说：『关爱我的就是我的国君，虐待我的就是我的仇人。』荀子说：『君，好比是舟；民，好比是水。水能够载起舟，也能够倾覆舟。』所以孔子说：『鱼失去水就会死，水失去鱼照样还是水。』所以唐尧和虞舜才战战兢兢，一天比一天谨慎。难道能够不深思其中的道理吗？难道能够不反复考虑其中的道理吗？

把重任委托给地位高的臣属，将小事责令地位低的臣属去做，这是治理国家的一般道理。委派职责的时候，就重视地位高的臣属而轻视地位低的臣属；等到发生事情的时候，却信任地位低的臣属而怀疑地位高的臣属。信任他所轻视的，怀疑他所重视的，想要达到国家安定有序，怎么能够实现呢？还有，施政最重要的是具有连续性，不追求总是变动不居。如今或者责令地位低的臣属去完成重任，或者责令地位高的臣属去做小事，地位低的臣属占据了不该他占据的位置，

地位高的臣属失去了他本应具有的职权，地位高的臣属可能因为小过错而获罪，地位低的臣属或者因为大责任而受罚。职责与地位不相称，处罚与罪过不相当，想要他们没有私心，要求他们竭尽全力，不是很困难吗？地位低的臣属不能委派给他们重要的事务，地位高的臣属不能责罚他们因为小的过错。委托给大的职责，追究小的过失，那些掌管文案的小官吏，顺承上司的意图，玩弄文字，曲解法律，歪曲事实构陷他们的罪名。自己辩解，则被认为内心不服罪；不辩解吧，则被认为所犯的罪行都是事实。进退两难，无法辩白，那么就只有苟且地求得免于祸患。地位高的臣属苟且地求得免于祸患，那么奸诈就会产生。奸诈产生，那么虚假就会成为风气。虚假成为风气，那么就不可能实现国家安定有序了。

另外，委派任用地位高的大臣，就打算他们能竭心尽力，每当委派给他们职责时有所避讳顾及而不说，那么就是不尽心。如果选拔的人是合适的人选，何必要记恨以前的事情呢？如果选拔的人不符合职责要求，那么何必认为疏远的人可贵呢？对待别人不是完全真心和信任，怎么能够要求他们做到尽心为人，推己及人呢！臣属虽然或许会有过失，而君主也并非事事都做得合适。凡是在上位的人不信任下面的人，一定认为下面的人毫无可信之处。如果下面的人毫无可信之处，那么在上位的人也有可疑的地方。《礼记》中说：『上面的人怀疑，老百姓就迷惑。下面的人难以了解，那么君主就要长期操劳。』上下相互猜疑，那么就不可能谈到实现国家安定有序。如今的群臣之中，如果远在一方，流言三次传来而不像曾参的母亲一样扔下梭子逃走的，据我考虑，没有发现这样的人。国家如此广大，人民如此众多，难道就没有一两个可以信任的人吗？只是因为如果信任则会认为对方没有不恰当的地方，如果怀疑就会认为对方没有什么可以信任罢了，难道这只是臣属的过错吗？一个平常人和人结交为朋友，把自己的生命许诺给对方，到死也不会反悔，何况君主与臣属默契和谐，相互依赖如同鱼和水一样。如果君主都像唐尧、虞舜一样，臣属都像稷和契一样，怎么会遇到小

事就变心，见了小利也变心呢！这虽是臣下树立的忠心还不明显，也是由于君主心里不信任，对待他过去轻薄所致。难道这是君主任用臣属遵循礼节，臣属侍奉君主遵循礼节吗！以陛下的聪明睿圣，以当今的功勋业绩，如果真正能够广求当今的俊杰，上下同心，那么三皇就可以追加到四个人，五帝就可以向下延伸到六个人了。夏、商、周、汉这些朝代，又算得上什么呢！

唐太宗非常赞赏并采纳了魏征的建议。

评点 在这篇奏疏中，魏征向唐太宗提出了选拔人才、任用官吏的几个原则。主要包括以下内容：一是君臣要相互默契，二是君主要始终如一，三是要避免地位和职责失当，四是君臣要相互信赖。

贞观十六年，太宗问特进魏征曰：『朕克己为政，仰企前烈①。至于积德、累仁、丰功、厚利，四者常以为称首②，朕皆庶几③自勉。人苦不能自见，不知朕之所行，何等优劣？』征对曰：『德、仁、功、利，陛下兼而行之。然则内平祸乱，外除戎狄，是陛下之功。安诸黎元④，各有生业，是陛下之利。由此言之，功利居多，惟德与仁，愿陛下自强不息，必可致也。』

注释 ①仰企：仰慕企望。前烈：前人的功业。②称首：第一。③庶几：希望，但愿。④黎元：黎民，百姓。

译文 贞观十六年（642年），唐太宗问特进魏征：『我克制自己的私利处理政事，仰慕并期望达到前人的功业。因而积累德行、增进仁爱、扩充实绩、增加民利，这四者一直被我认为是第一位的，我希望能够在这些方面自我勉励。

人苦于不了解自己，我不知道我所做的事情，优劣情况如何？』魏征回答说：『德行、仁爱、实绩、民利，陛下都重视并且付诸实践。可是，在国内平定祸乱，在外部消灭戎狄，这是陛下取得的实绩。安抚天下百姓，让他们都有赖以谋生的职业，这是陛下谋求的民利。由此而言，您在实绩和民利方面做的事情比较多，只是德行和仁爱，希望陛下自强不息，一定也可以获得。』

评点 对于社会管理者来说，德行和仁爱是实绩和功利的根本。如果没有内在的德行和价值观念作为指引，所谓功绩就会偏离方向。

贞观十七年，太宗谓侍臣曰：『自古草创之主，至于子孙多乱，何也？』司空房玄龄曰：『此为幼主生长深宫，少居富贵，未尝识人间情伪，治国安危，所以为政多乱。』太宗曰：『公意推过于主，朕则归咎于臣。夫功臣子弟多无才行，藉祖父资荫①遂处大官，德义不修，奢纵是好。主既幼弱，臣又不才，颠而不扶，岂能无乱？隋炀帝录宇文述在藩之功，擢化及于高位，不思报效，翻行弑逆。此非臣下之过欤？朕发此言，欲公等戒勖②子弟，使无愆过③，即家国之庆也。』太宗又曰：『化及与玄感，即隋大臣受恩深者子孙，皆反，其故何也？』岑文本对曰：『君子乃能怀德荷恩，玄感、化及之徒，并小人也。古人所以贵君子而贱小人。』太宗曰：『然。』

注释　①资荫：古代对于一定品级的官员的荫庇制度，即父亲或祖父具有一定职位，子孙便可以获得一定的官阶。②戒勖：训诫勉励。③愆过：罪恶，罪过。

译文　贞观十七年（643年），唐太宗对侍从的大臣说：『自古以来创业的君主，到了子孙继承之后就发生很多动乱，为什么？』司空房玄龄说：『这是因为年幼的君主生长在深宫之中，从小享受富贵，没有见识过民间的真实生活，没有经历过治理国家、安定危局的实践，所以处理政事就引起很多动乱。』唐太宗说：『你的意思是把过错推到君主身上，我却将此归罪于臣下。开国功臣的子弟大多没有才华和德行，借助爷或者父亲的荫庇于是就占据了重要的职位，不修养德行道义，只喜欢奢侈纵欲。君主本来就幼小，臣下又没有才能，倾倒了也不扶助，哪能不发生动乱呢？隋炀帝记得宇文述在自己还做藩王时的功绩，把宇文化及提拔到很高的地位上，他却不想着报效君主，反而做出弑君篡逆的事情。这难道不是臣下的过错吗？我说这席话的意思，是想要你们好好训诫勉励各自的子弟，使他们不要有罪过，这就是家庭和国家可庆贺的事。』唐太宗又说：『宇文化及和杨玄感，都是深受隋朝恩德的大臣的子弟，都造反了，这是什么原因？』岑文本回答说：『君子都能够记住和感怀恩德，杨玄感和宇文化及这类人，都是小人。所以古人崇尚君子而鄙视小人。』唐太宗说：『对。』

评点　从君臣在治理国家中的作用和关系来说，房玄龄和唐太宗都各说对了一半。只有二者相互配合，都能够最大限度尽到自己的职责，才能够使国家安定。

择官第七

贞观元年，太宗谓房玄龄等曰：『致治之本，惟在于审。量才授职，务省官员。故《书》称：「任官惟贤才①。」又云：「官不必备，惟其人②。」若得其善者，虽少亦足矣；其不善者，纵多亦奚为？古人亦以官不得其才，比于画地作饼，不可食也。《诗》曰：「谋夫孔多，是用不就③。」又孔子曰：「官事不摄，焉得俭④？」且「千羊之皮，不如一狐之腋⑤。」此皆载在经典，不能具道。当须更并省官员，使得各当所任，则无为而治矣。卿宜详思此理，量定庶官员位。』玄龄等由是所置文武总六百四十员。太宗从之，因谓玄龄曰：『自此倘有乐工杂类，假使术逾侪辈⑥者，只可特赐钱帛以赏其能，必不可超授官爵，与夫朝贤君子比肩而立，同坐而食，遗诸衣冠⑦以为耻累。』

注释　①任官惟贤才：出自《尚书·咸有一德》。原文作『任官惟贤材』。『才』同『材』。②官不必备，惟其人：出自《尚书·周官》。③谋夫孔多，是用不就：出自《诗经·小雅·小旻》。原文作：『谋夫孔多，是用不集。』谋夫：计谋之士。孔：很。集、就：成功。④官事不摄，焉得俭：出自《论语·八佾》。官事：公事。摄：代理，兼理。⑤千羊之皮，不如一狐之腋：出自《史记·商君列传》。腋：指腋下的毛皮。⑥侪辈：同辈，这里指同行。⑦衣冠：古代士以上戴冠，因用以指士以上的服装。代指缙绅，士大夫。

译文　贞观元年（627年），唐太宗对房玄龄等说：『实现国家安定有序的根本，只在于对官员的认真考察。根据才能授予职责，一定要尽量减少官吏数量。所以《尚书》中说：「任用官员只选择贤才。」又说：「官员不必齐备，只在于用合适的人。」如果得到了好人才，虽然少也足够了；得到了不好的人，即使多又有什么用呢？古人又把选拔官吏得不到合适的人才，比喻为在地上画饼子，不能食用。《诗经》中说：「智谋之士有很多，事情最终不成功。」孔子也说：「每件公事都要专人做，怎么称得上节俭。」况且「一千只羊的皮，不如一只狐狸的腋下皮毛。」这些都是记载在经书典籍中的，不能一一列举。应当进一步合并机构，减少官吏，使他们都适合自己的使命，就能够达到无为而治的目的了。你们也要好好考虑这个道理，衡量确定百官的员额数量。」房玄龄等人于是设置文武官员总共六百四十人。唐太宗认为可以，于是对房玄龄说：「从此之后如果有乐工或做其他杂事的人员，假如有技艺超过其他同行的人，只可以特别赏赐钱财以奖赏其才能，一定不能超过员额授给他们官职爵位，同朝中的贤能君子比肩而立，同坐吃饭，使得那些士大夫们以为是羞耻和羁绊。」

评点 行政机构省官并职即是减轻人民负担的需要，也是提高效率的需要。朱黼说：「有事情才有职责，有职责才有官署。」绝不能够因人设事。

贞观二年，太宗谓房玄龄、杜如晦曰：『公为仆射，当助朕忧劳，广开耳目，求访贤哲。比闻公等听受辞讼①，日有数百。此则读符牒②不暇，安能助朕求贤哉？』因敕尚书省，细碎务皆付左右丞，惟冤滞③大事合闻奏者，关于仆射。

注释 ①辞讼：诉讼。②符牒：符移关牒等公文的统称。③冤滞：滞留未申的冤狱。

译文 贞观二年（628年），唐太宗对房玄龄、杜如晦说：「你们做仆射，应当帮我分担忧虑劳苦，广泛地听取和观察，寻访贤能和聪明的人才。近来听说你们听取的诉讼，每天达到几百件。这样读公文都没有时间，怎么能够帮助我寻访贤才呢？」于是下令给尚书省，零碎的小事都交给左右丞处理，只有那些拖延很久的冤案和重大事务需要奏知皇上知道的，才交给仆射处理。

评点 一个人的精力和能力毕竟有限，领导者不能够事必躬亲，重要的是选拔任用合适的人才。因此范祖禹曾经评论此事说：「唐太宗让宰相去求贤，而不让他们处理小事，可以说是能够合理的分派职责了。」

贞观二年，太宗谓侍臣曰：『朕每夜恒思百姓间事，或至夜半不寐。惟恐都督、刺史堪养百姓以否①。故于屏风上录其姓名，坐卧恒看，在官如有善事，亦具列于名下。朕居深宫之中，视听不能及远，所委者惟都督、刺史，此辈实治乱所系，尤须得人。』

注释 ①以否：相当于「与否」。

译文 贞观二年（628年），唐太宗对侍从的大臣说：「我每天夜里总是思考百姓之间的事情，有时到半夜还睡不着。只是担心都督、刺史们能不能胜任安抚百姓的职责。于是在屏风上写下他们的姓名，坐着和躺着一直看，在任职期间如果做了好事，也都列在他们名字的下面。我居住在深宫之中，听和看都不可能达于很远的地方，所依靠的只有都督、刺史这些地方官，这些人实在是直接关乎安定还是混乱，更需要有合适的人选。』

评点 汉宣帝『以为吏数变易，则下不安业；久于其事，则民服教化』，曾经慨叹曰：『民所以安而无怨者，政平吏良也。与我共此者，其唯良二千石（即刺史）乎！』地方官吏与人民的日常生活息息相关，因此常常可能成为地方甚至国家治乱的重要因素。

贞观二年，太宗谓右仆射封德彝曰：『致安之本，惟在得人。比来命卿举贤，未尝有所推荐。天下事重，卿宜分朕忧劳，卿既不言，朕将安寄？』对曰：『臣愚岂敢不尽情，但今未见有奇才异能。』太宗曰：『前代明王使人如器，皆取士于当时，不借才于异代。岂得待梦傅说①，逢吕尚②，然后为政乎？且何代无贤，但患遗而不知耳！』德彝惭赧③而退。

注释 ①梦傅说：傅说是商朝武丁时的大臣，最初只是在傅岩做版筑工作的奴隶。关于傅说和武丁的相遇，《尚书正义》引皇甫谧云：『高宗（即武丁）梦天赐贤人，胥靡之衣蒙之而来，且云：「我徒也，姓傅名说，天下得我者岂徒也哉！」武丁悟而推之曰：「傅者，相也。说者，欢悦也。天下当有傅我而说民者哉！」明以梦视百官，百官皆非也。乃使百工写其形象，求诸天下，果见筑者胥靡衣褐带索，执役于虞虢之间，傅岩之野，名说。以其得之傅岩，谓之傅说。』②吕尚：即姜尚，西周的开国功臣。《史记·齐太公世家》中说：『太公望吕尚者，东海上人。其先祖尝为四岳，佐禹平水土甚有功。虞夏之际封于吕，或封于申，姓姜氏。夏商之时，申、吕或封枝庶子孙，或为庶人，尚其后苗裔也。本姓姜氏，从其封姓，故曰吕尚。』关于吕尚和周文王的相遇，《齐太公世家》中说：『吕尚盖尝穷困，年老矣，以渔钓奸周西伯。西伯将出猎，卜之，曰「所获非龙非彲非虎非罴；所获霸王之辅」。于是周西伯猎，果遇太公于渭之阳，与语大说，曰：「自吾先君太公曰『当有圣人适周，周以兴』。子真是邪？吾太公望子久矣。」故号之曰「太公望」，载与俱归，立为师。』③惭赧：羞惭脸红。赧：音nǎn，因惭愧而脸红。

译文 贞观二年（628年），唐太宗对右仆射封德彝说：『实现安定的根本，只在于得到合适的人才。近来要你举荐贤才，还没见你有所推荐。治理天下的事情重大，你应当为我分担忧虑劳苦，你既然不进言，我还能托付给谁呢？』封德彝回答说：『我怎么敢不尽心呢，只是至今还没有发现有特殊才华和独特能力的人。』唐太宗说：『前代圣明的君王使用人才就像使用器物一样，都是在当时选拔贤士，不向其他时代借用人才。怎么能够等到梦到傅说，遇到姜尚，然后才治理国家呢？况且哪个朝代能没有贤才，只是怕错过了而不知道而已！』封德彝羞惭地退下了。

评点 人无完人，选拔人才就是用人所长。唐太宗的这一见解是颇有见地的。

贞观三年，太宗谓吏部尚书杜如晦曰：『比见吏部择人，惟取其言词刀笔，不悉其景行①。数年之后，恶迹始彰，虽加刑戮，而百姓已受其弊。如何可获善人？』如晦对曰：『两汉取人，皆行著乡闾②，州郡贡之，然后入用，故当时号为多士。今每年选集③，向④数千人，厚貌饰词⑤，不可知悉，选司但配其阶品而已。铨简⑥之理，实所未精，所以不能得才。』太宗乃将依汉时法令，本州辟召⑦，会功臣等将行世封，事遂止。

注释

①悉其景行：了解他们的德行。悉：知道。景行：高尚的德行。②乡闾：即乡里。古代以二十五家为闾，一万二千五百家为乡，因以『乡闾』泛指民众聚居之处。③选集：集中选拔。④向：接近，临近。⑤厚貌饰词：深深地掩饰形貌，巧妙地装饰言辞。⑥铨简：衡量选拔。⑦辟召：征召。

译文

贞观三年（629年），唐太宗对礼部尚书杜如晦说：『近来我发现礼部选拔人员，只是依据他们的言语和文笔，不去了解他们是否有高尚的德行。数年之后，恶劣的行径才显现出来，虽然按刑法加以惩罚，而老百姓已经受其所害。怎样才能得到好人才？』杜如晦回答说：『两汉时期选拔人才，都是在乡里德行显著，州郡举荐给朝廷，然后选拔任用，所以那时候号称贤才济济。如今每年集中选拔，都接近数千人，他们深深地掩饰形貌，巧妙地装饰言辞，不能了解其本来面目，选拔人才的官署只是配给他们一定的官阶品级而已。衡量选拔人才的规则，实在是没有精通，所以不能得到合适的人才。』唐太宗于是将要按照汉代推行的方法，由各州征召人才，正赶上功臣们将要进行世袭封爵，这件事就停止了。

评点

选官制度对于社会的价值取向有着重要的引导作用，官吏作为社会的管理者，通常要由优秀人才来充任，选官制度中最注重候选者哪方面的素质，就说明社会对这方面素质的重视，从而激励社会成员自觉地进行这一方面的修养。两汉时期察举人才的科目，如孝廉、茂才（汉初称『秀才』，东汉为了避光武帝讳又改为『茂才』）、贤良方正、孝悌力田（又称『孝弟力田』）等，对后世都产生了深远影响。

贞观六年，太宗谓魏征曰：『古人云，王者须为官择人，不可造次①即用。朕今行一事，则为天下所观；出一言，则为天下所听。用得正人，为善者皆劝；误用恶人，不善者竞进②。赏当其劳，无功者自退；罚当其罪，为恶者戒惧。故知赏罚不可轻行，用人弥须慎择。』征对曰：『知人之事，自古为难，故考绩黜陟③，察其善恶。今欲求人，必须审访其行。若知其善，然后用之，设令此人不能济事，只是才力不及，不为大害。误用恶人，假令强干④，为害极多。但乱世惟求其才，不顾其行。太平之时，必须才行俱兼，始可任用。』

注释

①造次：匆忙，草率。②竞进：争进。指受到鼓励而争相向前。③考绩黜陟：考核成绩，升降官职。考绩：按一定标准考核官吏的成绩。黜陟：指人才的进退，官吏的升降。④强干：精明干练。

译文

贞观六年（632年），唐太宗对魏征说：『古人说，君王必须根据职位要求选择人才，不能很草率地就任用。我如今做一件事，就被天下人看到；说一句话，就被天下人听到。所任用的如果是品行端正的人，为善者就都能得到鼓励；如果误用了品行恶劣的人，不好的人就会不断涌现。赏赐与功劳相当，没有功劳的人就会自己退下去；责罚与罪行相当，做了恶事的人就会谨慎恐惧。因此可知赏罚不能轻易施行，用人更需要谨慎选择。』魏征回答说：『察知人品这件事，自古以来就很困难。所以考核成绩、升降官职，都要考察人的品行善恶。如今想要获得人才，一定要调查他的品行。如果知道他品行好了，然后就加以任用，假设这个人不能把事办好，只是因为才能和力气达不到，这不会造成大的祸患。一旦误用了品行不好的人，假使他又精明干练，带来的危害则会很大。但是乱世的时候只是追求人的才能，所以不顾及他的品行。太平之时，必须德才兼备，才可以加以任用。』

评点

《管子·八观》中说：『偏袒身边的人，不根据功劳和能力而授给爵禄，那么百姓就会有怨恨并且非议君长，轻视爵位看低俸禄』，『百姓有怨恨并且非议君长，轻视爵位看低俸禄，那么国家就没有办法鼓励民众了。』为了使民有所劝，统治者必须量功授爵，依能赐禄。只有这样，才能使国家风气淳厚、秩序井然。

贞观十一年，侍御史马周上疏曰：『治天下者以人为本，欲令百姓安乐，惟在刺史、县令。县令既众，不可皆贤，若每州得良刺史，则合境苏息①。天下刺史悉称圣意，则陛下可端拱岩廊②之上，百姓不虑不安。自古郡守、县令，皆妙选③贤德，欲有迁擢为将相，必先试以临人，或从二千石④入为丞相及司徒、太尉者。朝廷必不可独重内臣，外⑤刺史、县令，遂轻其选。所以百姓未安，殆由于此。』太宗因谓侍臣曰：『刺史朕当自简择；县令诏京官五品已上，各举一人。』

注释

①苏息：休养生息。②岩廊：高峻的廊庑。借指宫禁，朝廷。③妙选：精心挑选。④二千石：即郡守。汉代的制度，郡守俸禄为二千石，即月俸百二十斛，因此称郡守为『二千石』。⑤外：疏远，排斥。

译文

贞观十一年（637年），侍御史马周上疏说：『治理天下的人把人当做根本，如果使老百姓安定愉悦，只在于刺史、县令这些地方官。全国县令人数众多，不可能都是贤才，如果每个州都有一个好刺史，那么整个州的境内都能够休养生息。如果天下的刺史都符合您的心意，那么陛下您就可以端坐在宫禁之内无为而治，不用考虑老百姓会不安定。自古以来的郡守、县令，都是精心挑选贤德的人，如果有打算升迁为将相的，一定先通过直接面对老百姓来进行考查，或者从郡守中选拔人才入朝担任丞相、司徒或太尉。朝廷绝不可以只重视朝中的大臣，疏远刺史、县令等地方官，于是就轻视对他们的选拔。老百姓之所以没有得到安定，大多是因为这个原因。』唐太宗于是对侍从的大臣说：『刺史一职我应当自己挑选，县令的人选要求五品以上的京官，每人推荐一人。』

评点

地方政府是联系朝廷和基层的桥梁，它直接面向民众，国家的施政纲领、目的、原则、内容、要求等通过地方政府各种职能的发挥，才得以真正贯彻到每个社会成员。因此，对于地方官吏的选拔任用，必须慎重，避免使地方官成为害民贼。

贞观十一年，治书侍御史刘洎以为左右丞宜特加精简，上疏曰：『臣闻尚书万机，实为政本，伏寻此选，授任诚难。是以八座比于文昌①，二丞方于管辖②，爰③至曹郎④，上应列宿，苟非称职，窃位兴讥。伏见比来尚书省诏敕稽停⑤，文案壅滞⑥，臣诚庸劣，请述其源。贞观之初，未有令、仆，于时省务繁杂，倍多于今。而左丞戴胄、右丞魏征并晓达吏方⑦，质性平直，事应弹举⑧，无所回避，陛下又假以恩慈，自然肃物。百司匪懈，抑此之由。及杜正伦续任右丞，颇亦厉下。比者纲维不举，并为勋亲在位，器非其任，功势相倾⑨。凡在官寮，未循公道，虽欲自强，先惧嚣谤⑩。所以郎中予夺，惟事咨禀；尚书依违，不能断决。或纠弹闻奏，故事稽延，案虽理穷，仍更盘下。去无程限⑪，来不责迟，一经出手，便涉年载。或希旨⑫失情，或避嫌抑理。勾司以案成为事了，不究是非；尚书用便僻⑬为奉公，莫论当否。互相姑息，惟事弥缝⑭。且选众授能，非才莫举，天工人代⑮，焉可妄加？至于懿戚⑯元勋，但宜优其礼秩，或年高及耄⑰，或积病智昏，既无益于时宜，当置之以闲逸。久妨贤路，殊为不可。将救兹弊，且宜精简尚书左右丞及左右郎中。如并得人，自然纲维备举，亦当矫正趋竞⑱，岂惟息其稽滞哉！』疏奏，寻以洎为尚书左丞。

注释

①八座：古代中央政府的八种高级官员，历代所指不同。东汉以六曹尚书并令、仆射为『八座』；三国魏、南朝宋、齐以五曹尚书、二仆射、一令为『八座』；隋唐则以六尚书、左右仆射及令为『八座』。文昌：星座名，共六星，在斗魁之前，形成半月形状。《史记·天官书》中说：『斗魁戴匡六星曰文昌宫：一曰上将，二曰次将，三曰贵相，四曰司命，五曰司中，六曰司禄。』古代又称尚书省为文昌省。②管辖：指车子的关键部件。管：枢要；辖：大车轴头上穿着的小棍，可以管住轮子使不脱落，一般为铜质或铁质。③爰：于是。④曹郎：部属各司的官吏。⑤稽停：迟滞，停留。⑥壅滞：积压。⑦吏方：为政之方。⑧弹举：弹劾检举。⑨相倾：相互排挤，相互竞争。⑩嚣谤：众口谤议。⑪程限：期限。⑫希旨：迎合上面的意旨。⑬便僻：同『便辟』，谄媚逢迎之人。⑭弥缝：设法遮掩以免暴露。⑮天工人代：天的职责由人来代替，指天子和官吏代替上天来管理人民。⑯懿戚：指皇亲国戚。⑰耄：年老，八九十岁的年纪。⑱趋竞：奔走钻营，争名夺利。

译文

贞观十一年（637年），治书侍御史刘洎认为左右丞应当特别精心挑选，于是上疏说：『我听说尚书省事务繁多，实在是国家治理的根本，我想这些职位上的人员选拔，授予他们职责的确非常困难。所以把尚书省的主要官员比喻为文昌诸星，把左右二丞比喻为车子上的管辖，以至各司的曹郎，都与天上的星宿相对应，如果不称职，则是窃取了位子引来了讥讽。我看到近来尚书省的诏书敕令迟滞，文书案牍积压，我虽然平庸无能，请让我谈谈造成这一状况的根源。贞观初年，没有设置尚书令和仆射，那时候尚书省中的事务繁多杂乱，多于今天几倍。但那时的左丞戴胄和右丞魏征都通晓为政之方，性情平易正直，有应当弹劾检举的事情，从来不回避，陛下对他们又仁慈爱护，自然使事务整肃。各个部门都不懈怠，就是由于这个原因。等到杜正伦继任右丞，对下属要求也非常严厉。近来法令制度得不到执行，都是由于勋臣亲戚占据了位置，才能和职责不相当，以功劳和势力相互排挤。省中的官员，不遵循秉公行事的原则，即使想自己振作，却先害怕众口谤议。所以郎中决断事务，只是通过向上级咨询和禀奏；尚书模棱两可，不能够马上决断。有的举发弹劾的事件需要向上陈奏，故意加以拖延，案件虽然已经审理清楚了，仍然再去盘问属下。命令发出去的时候没有期限，返回时也不会因为迟滞而问责，事情一经安排出去，就要经历整年时间。有的只是迎合上面的意旨而违背事实真相，有的为了避免嫌疑而不管是不是合乎道理。办案的部门以案件有了结果作为事情结束，不管是对还是错；尚书把任用谄媚逢迎之人当做为公着想，不问用人是否适当。上下互相姑息迁就，只是为防止暴露而做一些设法遮掩的事情。况且官职需要从众人中选拔，授予有才能的人，不是有才能的人就不得被举用，由人来代替上天行使职责，怎么能够随便让人来做呢？至于皇亲国戚以及功臣，只应当给他们优厚的礼遇和俸禄，他们有的年龄大了已将近八九十岁，有的多年患病头脑不清醒，既然对现在的事宜无所帮助，就应当把他们安置在清闲安逸的位置上。如果长久地妨碍选用贤才的道路，是非常不合适的。想要补救这一弊端，就应当首先精心挑选尚书省的左右丞和左右郎中。如果都能够得到合适的人选，自然法令制度都能够得到很好地贯彻，还能够纠正奔走钻营的歪风，难道只是能够解决积压迟滞的问题吗！』奏疏送达上去，不久刘洎被任命为尚书左丞。

评点 在国家治理中，人才是一个关键因素。正如张九成对此事所评论的：『看刘洎上书陈述尚书用不得其人的弊端，主张一定要选择贤人充任这个职位，整肃纲纪，解决积压迟滞的问题。这都是深刻领会国家治理的关键和处理政事的根本的表现。』

贞观十三年，太宗谓侍臣曰：『朕闻太平后必有大乱，大乱后必有太平。大乱之后，即是太平之运也。能安天下者，惟在用得贤才。公等既不知贤，朕又不可遍识，日复一日，无得人之理。今欲令人自举，于事何如？』魏征对曰：『知人者智，自知者明。知人既以为难，自知诚亦不易。且愚暗之人，皆矜能伐善①，恐长浇竞之风②，不可令其自举。』

注释 ①矜能伐善：夸耀自己的才能和长处。矜能：夸耀自己的才能；伐善：夸耀自己的长处。②浇竞之风：追名逐利的浮薄风气。浇：浮薄，浅薄。

译文 贞观十三年（639年），唐太宗对侍从的大臣说：『我听说太平之后必有大乱，大乱之后必有太平。大乱之后，根据运数就是太平了。能够安定天下，只在于得到贤才任用。你们既然不知道谁是贤才，我又不可能一个一个地了解，这样日复一日，没有可以得到人才的道理。如今打算让人自我举荐，这样做怎么样？』魏征回答说：『了解别人的人是智慧的，了解自己的人是聪明的。了解别人既然认为是困难的事情，了解自己的确也不容易。况且愚蠢暗蔽的人，都夸耀自己的才能和长处，这样做恐怕会助长追名逐利的浮薄风气，不能让他们自我举荐。』

评点 在功名利禄面前，难免有些无才无德之徒为了个人目的而争相趋骛，因此中国古代一向反对『自鬻』。

贞观十四年，特进魏征上疏曰：

臣闻知臣莫若君，知子莫若父。父不能知其子，则无以睦一家；君不能知其臣，则无以齐万国。万国咸宁，一人有庆①，必藉忠良作弼，俊乂在官，则庶绩其凝②，无为而化矣。故尧、舜、文、武见称前载，咸以知人则哲，多士盈朝，元、凯翼巍巍之功③，周、召光焕乎之美④。然则四岳、九官、五臣、十乱⑤，岂惟生之于曩代⑥，而独无于当今者哉？在乎求与不求，好与不好耳！何以言之？夫美玉明珠，孔翠犀象⑦，大宛⑧之马，西旅之獒⑨，或无足也，或无情也，生于八荒之表⑩，途遥万里之外，重译⑪入贡，道路不绝者，何哉？盖由乎中国之所好也。况从仕者怀君之荣，食君之禄，率之以义，将何往而不至哉？臣以为与⑫之为孝，则可使同乎曾参、子骞⑬

矣；与之为忠，则可使同乎龙逢、比干矣；与之为信，则可使同乎尾生、展禽⑭矣；与之为廉，则可使同乎伯夷、叔齐⑮矣。

然而今之群臣，罕能贞白卓异⑯者，盖求之不切，励之未精故也。若勖⑰之以公忠，期之以远大，各有职分，得行其道；贵则观其所举，富则观其所养⑱，居则观其所好，习则观其所言，穷则观其所不受，贱则观其所不为；因其材以取之，审其能以任之，用其所长，掩其所短；进之以六正，戒之以六邪⑲，则不严而自励，不劝而自勉矣。故《说苑》曰：『人臣之行，有六正六邪。行六正则荣，犯六邪则辱。何谓六正？一曰萌芽未动，形兆未见，昭然独见存亡之机，得失之要，预禁乎未然之前，使主超然立乎显荣之处，如此者，圣臣也。二曰虚心⑳尽意，日进善道，勉主以礼义，谕主以长策㉑，将顺其美，匡救其恶，如此者，良臣也。三曰夙兴夜寐，进贤不懈，数称往古之行事，以厉㉒主意，如此者，忠臣也。四曰明察成败，早防而救之，塞其间㉓，绝其源，转祸以为福，使君终以无忧，如此者，智臣也。五曰守文奉法，任官职事，不受赠遗，辞禄让赐，饮食节俭，如此者，贞臣也。六曰家国昏乱，所为不谀，敢犯主之严颜，面言主之过失，如此者，直臣也。是谓六正。何谓六邪？一曰安官贪禄，不务公事，与世浮沉，左右观望，如

此者，具臣㉔也。二曰主所言皆曰善，主所为皆曰可，隐而求主之所好而进之，以快主之耳目，偷合苟容㉕，与主为乐，不顾其后害，如此者，谀臣也。三曰内实险诐㉖，外貌小谨㉗，巧言令色，妒善嫉贤，所欲进，则明其美、隐其恶，所欲退，则明其过、匿其美，使主赏罚不当，号令不行，如此者，奸臣也。四曰智足以饰非，辩足以行说，内离骨肉之亲，外构朝廷之乱，如此者，谗臣也。五曰专权擅势，以轻为重，私门成党，以富其家，擅矫主命，以自贵显，如此者，贼臣也。六曰谄主以佞邪，陷主于不义，朋党比周㉘，以蔽主明，使白黑无别，是非无间，使主恶布于境内，闻于四邻，如此者，亡国之臣也。是谓六邪。贤臣处六正之道，不行六邪之术，故上安而下治。生则见乐，死则见思，此人臣之术也。』《礼记》曰㉙：『权衡诚悬，不可欺以轻重。绳墨诚陈，不可欺以曲直。规矩诚设，不可欺以方圆。君子审礼，不可诬以奸诈。』然则臣之情伪，知之不难矣。又设礼以待之，执法以御之，为善者蒙赏，为恶者受罚，安敢不企及㉚乎？安敢不尽力乎？

国家思欲进忠良，退不肖㉛，十有余载矣，徒闻其语，不见其人，何哉？盖言之是也，行之非也。言之是，则出乎公道，行之非，则涉乎邪径。是非相乱，好恶相攻。所爱虽有罪，不及于刑；所恶虽无辜，不免于罚。此所

谓爱之欲其生，恶之欲其死㉜者也。或以小恶弃㉝大善，或以小过忘大功。此所谓君之赏不可以无功求，君之罚不可以有罪免者也。赏不以劝善，罚不以惩恶，而望邪正不惑，其可得乎？若赏不遗疏远，罚不阿亲贵，以公平为规矩，以仁义为准绳，考事以正其名，循名以求其实，则邪正莫隐，善恶自分。然后取其实，不尚其华，处其厚，不居其薄，则不言而化，期月而可知矣。若徒爱美锦，而不为民择官，有至公之言，无至公之实，爱而不知其恶，憎而遂忘其善，徇私情以近邪佞，背公道而远忠良，则虽夙夜不怠，劳神苦思，将求至理㉞，不可得也。

书奏，甚嘉纳之。

注释 ①一人有庆：君主有善。出自《尚书·吕刑》：『一人有庆，兆民赖之，其宁惟永。』孔安国传曰：『天子有善，则兆民赖之，其乃安宁长久之道。』一人：指天子。庆：善，吉庆，这里指善德善行。②庶绩其凝：各种业绩都积聚。③元、凯翼巍巍之功：元、凯：『八元八凯』的省称。《左传·文公十八年》：『昔高阳氏有才子八人，苍舒、隤敳、梼戭、大临、龙降、庭坚、仲容、叔达，齐圣广渊，明允笃诚，天下之民谓之八恺。高辛氏有才子八人，伯奋、仲堪、叔献、季仲、伯虎、仲熊、叔豹、季狸，忠肃共懿，宣慈惠和，天下之民谓之八元。此十六族也，世济其美，不陨其名，以至于尧，尧不能举。舜臣尧，举八恺，使主后土，以揆百事，莫不时序，地平天成。举八元，使布五教于四方，父义、母慈、兄友、弟共、子孝，内平外成。』翼：帮助，辅佐。巍巍：崇高伟大。④周、召光焕乎之美：周、召：指周公和召公。周公姓姬名旦，召公姓姬名奭，二人都是周文王的儿子，周武王的弟弟，周武王和周成王时的主要辅佐大臣。光：光大。焕乎：光彩奕奕的样子。⑤四岳、九官、五臣、十乱：四岳：相传为唐尧的大臣，羲和的四个儿子，分管四方的诸侯，所以叫四岳。九官：传说舜设置的九个大臣。颜师古注《汉书·刘向传》『臣闻舜命九官，济济相让，和之至也』说：『《尚书》：禹作司空，弃后稷，契司徒，咎繇作士，垂共工，益朕虞，伯夷秩宗，夔典乐，龙纳言，凡九官也。』五臣：舜时的五位大臣。《论语·泰伯》中说：『舜有臣五人，而天下治。』何晏注曰：『孔曰：「禹、稷、契、皋陶、伯益。」』十乱：辅佐周武王治国平乱的十个大臣。《尚书·泰誓》中说：『予有乱臣十人，同心同德。』十人指周公旦、召公奭、太公望、毕公、荣公、太颠、闳夭、散宜生、南宫适、文母。⑥曩代：前代。⑦孔翠犀象：孔雀、翠鸟、犀牛、大象。这里指孔雀、翠鸟的羽毛，犀角和象牙。⑧大宛：西域国名，产汗血宝马。⑨西旅之獒：西旅：我国古代西部少数民族所建的国名。獒：一种高大、凶猛的狗。《尚书·旅獒》中说：『西旅献獒。』孔安国传曰：『西戎远国贡大犬。』孔颖达疏曰：『西方之戎有国名旅者。』⑩八荒之表：八方荒远的地方之外。⑪重译：辗转翻译。⑫与：奖赏，鼓励。⑬子骞：即闵损，字子骞。⑭尾生、展禽：尾生：《庄子·盗跖》中说：『尾生与女子期于梁下，女子不来，水至不去，抱梁柱而死。』展禽：即柳下惠。《新序·节士》中记载说：『齐攻鲁，求岑鼎，鲁君载岑鼎往，齐侯不信而反之，以为非也。使人告鲁君：「柳下惠以为是，因请受之。」请鲁君请于柳下惠。柳下惠对曰：「君之欲以为岑鼎也，以免国也；臣亦有国于此。破臣之国，以免君之国，此臣所难也。」鲁君乃以真岑鼎往。』刘向评论说：『柳下惠可谓守信矣！非独存己之国也，又存鲁君之国，信之于人重矣！犹舆之輗軏也。孔子曰：「大车无輗，小车无軏，其何以行之哉？」此之谓也。』⑮伯夷、叔齐：都是商末孤竹君的儿子，周武王灭商，二人不食周粟，饿死在首阳山中。

⑯贞白卓异：品行守正清白，才能卓越出众。⑰勖：勉励。⑱养：储藏，储存。⑲六正、六邪：『六正』指臣子六种正当的品行；『六邪』指臣子六种不正当的品行。原出自汉代刘向的《说苑·臣术》，魏征此处所引略有出入。⑳虚心：一心向往。㉑长策：良计，上策。㉒厉：激励，砥砺，磨练。㉓间：缝隙。㉔具臣：备位充数之臣。如《论语·先进》有：『今由与求也，可谓具臣矣。』朱熹《集注》说：『具臣，谓备臣数而已。』㉕偷合苟容：苟且迎合以取悦于人。㉖险诐：阴险邪僻。㉗小谨：谨小慎微。㉘朋党比周：拉帮结派，相互包庇。㉙《礼记》曰：以下引文出自《礼记·经解》。㉚企及：踮起脚来才够着，比喻勉力做到或勉力从事。㉛不肖：这里指无才无德之人。㉜爱之欲其生，恶之欲其死：出自《论语·颜渊》：『爱之欲其生，恶之欲其死，既欲其生，又欲其死，是惑也。』㉝弃：忘记。《尔雅》：『弃，忘也。』㉞至理：即至治，指国家安定昌盛，教化大行的政治局面。

译文

贞观十四年（640年），特进魏征上疏说：

我听说了解臣属没有人比得上君主，了解儿子没有人比得上父亲。父亲不能了解他的儿子，则没有办法使一家和睦；君主不能了解臣属，则没有办法使天下得到治理。天下都安定，天子有善行，一定要依靠忠良之臣作为辅佐，才德出众的人在各个职位上，则各种业绩都能够不断积聚，就能达到无为而化了。所以唐尧、虞舜、周文王、周武王被以前的各个时代所称颂，都是由于他们因了解人而明智，众多贤士充满朝堂，八元、八凯辅佐崇高伟大的功绩，周公、召公光大光彩奕奕的美德。然而四岳、九官、五臣、十乱这些贤臣，难道只生在前代，而唯独当今之世没有吗？在于寻求与不寻求，喜欢与不喜欢而已！为什么这样说？美玉、明珠，孔雀和翠鸟的羽毛，犀角、象牙，大宛的良马，西旅的猛犬，有的没有脚，有的没有人一样的感情，产于八方荒远的地方之外，路途超过万里之遥，通过辗转翻译前来进贡，路途上源源不绝，

为什么呢？是由于中国对他们爱好。况且进入仕途的人念着君主给他们的荣耀，吃着君主给他们的俸禄，用道义来引导他们，他们会什么地方不能到达呢？我认为鼓励他们遵循孝的要求行事，就可以使他们与曾参、闵子骞相同；鼓励他们遵循忠的要求行事，就可以使他们与关龙逄、比干相同；鼓励他们遵循信的要求行事，就可以使他们与尾生、展禽相同；鼓励他们遵循廉的要求行事，就可以使他们与伯夷、叔齐相同。

然而今天的群臣，很少能够达到品行守正清白，才能卓越出众的，这大抵是由于对他们要求不迫切，激励不深入的缘故。如果用尽忠为公鼓励他们，用远大志向要求他们，各自具有职责义务，能够推行自己的主张；高贵的时候观察他们所举荐的人物，富有的时候观察他们所储藏的物品，居处的时候观察他们所喜好的事情，行动的时候观察他们所发出的言论，贫穷的时候观察他们所接受的物品，低贱的时候观察他们所不做的事情；根据他们的才能来选拔他们，根据他们的能力来任用他们，使用他们的长处，避免他们的短处；用六种正当的行为来激励他们，用六种不正当的行为来警诫他们，那么不严加约束他们也会自我砥砺，不进行督促他们也会自我劝勉。所以《说苑》中说：『臣子的行为，有六种正当的和六种不正当的。实行六种正当的行为就能够荣耀，触犯六种不正当的行为就会招致羞辱。什么是六种正当的行为？一是萌芽没有发生，迹象没有出现，就能独自很清晰地看到存亡的关键，得失的枢要，提前在事情没有发生之前就加以防止，使君主能够超然立于显贵荣耀的地位，像这样的臣子，称为圣臣。二是一心一意，竭心尽力，每天都以为善之道向君主进谏，用礼义勉励君主，用良计劝告君主，顺从君主的美德，匡正君主的恶行，像这样的臣子，称为良臣。三是早起晚睡，不知疲倦地举荐贤才，屡屡称述古人所做的事情，来砥砺君主的意志，像这样的臣子，称为忠臣。四是能够明察成败的趋势，提前防范来避免败亡，堵塞缝隙，断绝源头，将祸患转化为福祉，使君主始终不会有忧虑，像这

样的臣子，称为智臣。五是遵守规章恪守法律，担任职责处理事务，不接受馈赠，推辞俸禄不争赏赐，饮食节俭，像这样的臣子，称为贞臣。六是国家昏暗动荡，所作所为中没有阿谀逢迎，敢于冒犯君主严厉的脸色，当面指出君主的过失，像这样的臣子，称为直臣。这就是臣子六种正当的行为。什么是六种不正当的行为？一是安处官位贪图俸禄，不积极处理公事，随波逐流，左右观望，像这样的臣子，称为具臣。二是君主所说的话都称善，君主所做的事都说好，暗中搜寻君主所喜好的东西来进奉，来愉悦君主的耳目之好，苟且迎合来取悦君主，与君主一起寻欢作乐，不顾及以后会产生的祸患，像这样的臣子，称为谀臣。三是内心充满阴险邪僻，外表却谨小慎微，花言巧语，虚伪讨好，嫉贤妒能，想要举荐的人，就彰显他们的好处、隐瞒他们的缺点，想要排斥的人，就彰显他们的缺点、隐瞒他们的好处，使君主的赏罚不恰当，号令不执行，像这样的臣子，称为奸臣。四是才智足以掩饰过失，辩才足以说服他人，在内离间骨肉亲情，在外挑动朝廷混乱，像这样的臣子，称为谗臣。五是独揽权势，用个人的小事代替国家的大事，营私结党，来使自家富足，擅自改变君主的命令，来使自己高贵显达，像这样的臣子，成为贼臣。六是用奸佞邪僻的手段来谄媚君主，将君主置于不义的境地，拉帮结派，相互包庇，来遮蔽君主的识见，造成黑白不辨，是非不分，使君主的恶名在国内传播，散布到四方的邻国，像这样的臣子，称为亡国之臣。这就是臣子六种不正当的行为。贤臣按照六种正当的行为做事，不以六种不正当行为作为指导，所以在上位者安宁在下位者有序。活着的时候被老百姓喜爱，去世之后被老百姓怀念，这是做臣子的基本法则。』《礼记》中说：『秤实实在在地挂在那里，就不能在重量上对其欺骗。墨线实实在在地摆在那里，就不能在曲直上对其欺骗。规矩实实在在地放在那里，就不能在方圆上对其欺骗。君子明察礼制，就不能用奸邪诈伪进行欺骗。』既然这样，那么臣子的内心真伪，就不难了解了。再加上准备好礼节来对待他们，掌握住法度来驾驭他们，做了好事的人得到奖赏，做了坏事的人遭受惩罚，臣子们怎么敢不勉力从事？怎么敢不竭心尽力呢？

国家想要选拔忠良之臣，黜退无材之辈，已经有十多年了，只是听到相关的议论，没有看到相应的人才，为什么呢？就是因为说的是正确的一套，做的是错误的一套。说的正确，就是合乎公道，做的错误，就走上了邪途。正确与错误相交错，好的与坏的相抵触。自己喜欢的人即使有罪责，受不到刑罚制裁，自己厌恶的人即使没有过错，免不了遭受责罚。这就是所谓的喜欢一个人就总想让他活着，厌恶一个人就总想让他死掉。或者因为小的缺点而忘记大的善行，或者因为小的过错而忘记大的功绩。这就是所谓的君主的赏赐不能够使没有功劳的人求得，君主的处罚不能够使有罪过的人幸免。赏赐不用以劝勉善行，处罚不用以惩治罪恶，而期望奸邪之徒与正直之士不相混淆，怎么能够达到呢？如果赏赐不忽略疏远的人，处罚不偏袒亲近高贵的人，以公平作为标准，以仁义作为准则，考察所作所为来端正职责名分，按照职责名分来要求实际业绩，那么奸邪和正直都无所隐藏，善与恶自然分明。然后选取具有真才实学的人，不崇尚表面浮华，处事忠厚，不事浅薄，那么不用号令而天下风俗醇正，一年时间就可以很清楚了。如果只是看重美貌锦衣，而不为老百姓选择履行职责的合适人才，有最符合公道的言论，没有最符合公道的实际行动，喜好一个人而不知道他的坏处，憎恶一个人于是就忘了他的好处，从私情出发而接近邪佞的人，违背公道而疏远忠良之臣，那么即使日夜不懈怠，耗费精神苦苦思索，想要实现安定昌盛的局面，也是不可能达到的。

奏章陈奏上去，唐太宗非常赞赏并采纳了他的建议。

评点 《管子》中认为，授爵只能根据事功和品德，而不能完全凭授爵者的私心和主观好恶。否则，不但不能起到端正社会风气的作用，反而会直接危及统治秩序，『此谓败国之教也』。

贞观二十一年，太宗在翠微宫①授司农卿李纬户部尚书。房玄龄是时留守京城。会有自京师来者，太宗问曰：『玄龄闻李纬拜尚书，如何？』对曰：『但云「李纬大好髭须②」，更无他语。』由是改授洛州刺史。

注释 ①翠微宫：唐初的离宫，在终南山中。②髭须：胡子。唇上曰髭，唇下为须。

译文 贞观二十一年（647年），唐太宗在翠微宫授予司农卿李纬户部尚书之职。房玄龄当时留守京城。恰好有人从京城而来，唐太宗问：『房玄龄听到李纬被封为尚书的消息，有什么反应？』来人回答说：『他只说了句「李纬的胡须很不错」，再没说别的话。』于是唐太宗改授李纬为洛州刺史。

评点 『李纬大好髭须』，意思是这个人除了胡须漂亮之外别无所长。唐太宗明白了房玄龄此语的含义，因此改变了任用计划。

封建第八

贞观元年，封中书令房玄龄为邗国公，兵部尚书杜如晦为蔡国公，吏部尚书长孙无忌为齐国公，并为第一等，食邑实封一千三百户。皇从父①淮安王神通上言：『义旗初起，臣率兵先至，今玄龄等刀笔之人，功居第一，臣窃不服。』太宗曰：『国家大事，惟赏与罚。赏当其劳，无功者自退；罚当其罪，为恶者咸惧。则知赏罚不可轻行也。今计勋行赏，玄龄等有筹谋帷幄、

画定社稷之功，所以汉之萧何，虽无汗马②，指踪推毂③，故得功居第一。叔父于国至亲，诚无爱惜，但以不可缘私滥与勋臣同赏矣。』由是诸功臣自相谓曰：『陛下以至公，赏不私其亲，吾属何可妄诉。』初，高祖举宗正④籍，弟侄、再从、三从⑤孩童已上封王者数十人。至是，太宗谓群臣曰：『自两汉已降，惟封子及兄弟，其疏远者，非有大功，如汉之贾、泽⑥，并不得受封。若一切封王，多给力役⑦，乃至劳苦万姓，以养己之亲属。』于是宗室先封郡王其间无功者，皆降为县公⑧。

注释 ①从父：父亲的兄弟，即叔父或伯父。李神通为唐高宗的堂兄弟，平定京师有功，封淮安王。②汗马：战马奔走而出汗，指劳苦征战沙场的战功。③指踪推毂：指挥谋划，推动协助。指踪：发踪指示，比喻指挥谋划。出自《史记·萧相国世家》：『夫猎，追杀兽兔者，狗也；而发踪指示兽处者，人也。』推毂：推车前进，引申为推动、协助。毂：车轮。④宗正：官名，掌管王室亲族的事务，汉代以后，皆由皇族担任。⑤再从、三从：次于至亲而同祖的亲属关系叫从。又次一层，同曾祖的亲属关系叫再从。再次一层，同高祖的亲属关系称三从。⑥汉之贾、泽：指汉高祖刘邦的从兄刘贾和同曾祖的兄弟刘泽，都因战功被封王，刘贾封荆王，刘泽封燕王。⑦力役：指干体力活的劳役。⑧县公：爵位名，又称开国县公。《新唐书·百官志一》：『凡爵九等……五曰开国县公，食邑千五百户，从二品。』

译文 贞观元年（627年），唐太宗封中书令房玄龄为邗国公，兵部尚书杜如晦为蔡国公，吏部尚书长孙无忌为齐国公，三人同为一等公，实封食邑一千三百户。唐太宗的叔父淮安王李神通进言说：『高祖初举义旗反隋的时候，我

率兵最先到达响应，如今房玄龄等都是舞文弄墨之人，功劳却高居第一，我心里不服。』唐太宗说：『国家最应重视的事情，只在于赏赐和惩罚。赏赐与功劳相符合，没有功劳的人自己就会退后；惩罚与罪过相符合，作恶的人都会感到恐惧。因此可见赏赐和惩罚不能够轻易施行啊。如今根据功劳进行赏赐，房玄龄等人有运筹帷幄、策划平定国家的功劳，所以汉代的萧何，虽然没有沙场征战的汗马功劳，但指挥谋划，推动协助，所以能够功劳位居第一。叔父您是国家的至亲，当然不会有所吝惜，但是不能因为私情而同功勋之臣一样滥加赏赐。』因此功臣们自己相互说：『陛下因为遵循至公之道，赏赐不对自己的亲人偏私，我们这些人怎么能够妄加要求呢。』当初，唐高宗按照皇室宗族的谱籍，兄弟、侄儿、同曾祖、同高祖的亲属，从儿童以上封王的达几十人。到唐太宗的时候，他对群臣说：『从两汉以来，只分封自己的儿子和兄弟，关系疏远的人，如果不是有大功，如汉代刘邦的远方兄弟刘贾和刘泽，都得不到封赏。如果所有的宗室都封王，多多拨给他们劳役，就会造成使百姓受劳苦，来供养自己的亲属。』于是宗室之中以前被封为君王而其中没有功绩的那些，都被将为县公。

评点

『赏罚之政，谓赏善罚恶也。赏以兴功，罚以禁奸。』（三国·诸葛亮：《便宜十六策·赏罚》，《诸葛亮集》卷三）在中国古代，最重要的赏罚手段是爵禄。中国古代的基本制度以尊卑等级制为前提，并为强化这种尊卑等级制服务。但是，明智的思想家和政治家所倡导的能够有利于社会安定的等级制决不是依靠血统出身而确立的先天等级制，而是最高统治者根据『功』和『德』而授予的爵位等级。唐太宗也正是按照这一原则来授爵的。

贞观十一年，太宗以周封子弟，八百余年，秦罢诸侯，二世而灭，吕后欲危刘氏，终赖宗室获安，封建亲贤，当是子孙长久之道。乃定制，以子弟荆州都督荆王元景、安州都督吴王恪等二十一人，又以功臣司空赵州刺史长孙无忌、尚书左仆射宋州刺史房玄龄等一十四人，并为世袭刺史。礼部侍郎李百药奏论驳世封事曰：

臣闻经国庇民，王者之常制；尊主安上，人情之大方[1]。思阐治定之规，以弘长世[2]之业，万古不易，百虑同归[3]。然命历有赊促[4]之殊，邦家有治乱之异，遐观[5]载籍，论之详矣。咸云周过其数，秦不及期，存亡之理，在于郡国[6]。周氏以鉴夏、殷之长久，遵皇王之并建，维城[7]磐石，深根固本，虽王纲弛废，而枝干相持，故使逆节[8]不生，宗祀不绝。秦氏背师古之训，弃先王之道，践华[9]恃险，罢侯置守，子弟无尺土之邑，兆庶罕共治之忧，故一夫号呼而七庙隳圮[10]。

臣以为自古皇王，君临宇内，莫不受命上玄[11]，册名帝录，缔构遇兴王之运，殷忧属启圣之期。虽魏武携养[12]之资，汉高徒役之贱，非止意有觊觎[13]，推之亦不能去也。若其狱讼不归[14]，菁华已竭，虽帝尧之光被四表，大舜之上齐七政[15]，非止情存揖让，守之亦不可焉。以放勋、重华[16]之德，尚不能克昌厥后，是知祚之长短，必在于天时，政或兴衰，有关于人事。隆周卜世三十，卜年七百[17]，虽沦胥[18]之道斯极，而文、武之器尚存，斯龟鼎[19]之祚，已悬定[20]于杳冥[21]也。至使南征不返[22]，东迁避逼[23]，禋祀阙如[24]，郊畿[25]不守，此乃陵夷之渐[26]，有累于封建焉。暴秦运距[27]闰余，数终百六[28]，受命之主，德异禹、汤，继世之君，才非启、诵[29]，借使李斯、王绾[30]之辈盛开四履[31]，将闾、子婴[32]之徒俱启千乘，岂能逆帝子之勃兴[33]，抗龙颜之基命[34]者也！

然则得失成败，各有由焉。而著述之家，多守常辙，莫不情忘今古，理蔽浇淳[35]，欲以百王之季[36]，行三代[37]之法，天下五服[38]之内，尽封诸侯，王畿[39]千里之间，俱为采地[40]。是则以结绳[41]之化行虞、夏之朝，用象刑[42]之典治刘、曹[43]之末，纪纲弛紊，断可知焉。锲船求剑[44]，未见其可；胶柱成文[45]，弥多所惑。徒知问鼎请隧[46]，有惧霸王之师；白马素车[47]，无复藩维[48]之援。不悟望夷之衅[49]，未堪羿、浞之灾[50]；既罹高贵之殃[51]，宁异[52]申、缯之酷[53]。此乃钦明[54]昏乱，自革安危，固非守宰[55]公侯，以成兴废。且数世之后，王室浸微，始自藩屏，化为仇敌。家殊俗，国异政，强陵[56]弱，众暴[57]寡，疆场彼此，干戈侵伐。狐骀之役[58]，女子尽髽[59]；崤陵之师[60]，只轮不反。斯盖略举一隅，其余不可胜数。陆士衡[61]方规规然[62]云：『嗣王委[63]其九鼎，凶族[64]据其天邑[65]，天下晏然[66]，以治待乱。』何斯言之谬也！而设官分职，任贤使能，以循良[67]之才，膺[68]共治之寄，刺举分竹[69]，何世无人？至使地或呈祥，天不爱宝，民称父母，政比神明。曹元首[70]方区区然[71]称：『与人共其乐者人必忧其忧，与人同其安者人必拯其危。』岂容以为侯伯则同其安危，任之牧宰则殊其忧乐？何斯言之妄也！

封君列国，藉其门资[72]，忘其先业之艰难，轻其自然之崇贵，莫不世增淫虐，代益骄侈。离宫别馆[73]，切汉[74]凌云，或刑[75]人力而将尽，或召诸侯而共乐。陈灵则君臣悖礼，共侮征舒[76]；卫宣则父子聚麀，终诛寿、朔[77]。乃云为己思治，岂若是乎？内外群官，选自朝廷，擢士庶以任之，澄水镜以鉴之，年劳[78]优其阶品，考绩明其黜陟[79]。进取事切，砥砺情深，或俸禄不入私门，妻子不之官舍[80]。班条[81]之贵，食不举火[82]；剖符[83]之重，居惟饮水[84]。南阳太守，弊布裹身[85]；莱芜县长，凝尘生甑[86]。专云为利图物，何其爽欤！总而言之，爵非世及[87]，用贤之路斯广；民无定主，附下[88]之情不固。此乃愚智所辨，安可惑哉？至如灭国弑君，乱常干纪，春秋二百年间，略无宁岁。次睢咸秩[89]，遂用玉帛之君；鲁道有荡，每等衣裳之会[90]。纵使西汉哀、平之际，东洛[91]桓、灵之时，下吏淫暴，必不至此。为政之理，可以一言蔽焉。

伏惟陛下握纪御天[92]，膺期启圣，救亿兆之焚溺[93]，扫氛祲[94]于寰区[95]。创业垂统，配二仪[96]以立德；发号施令，妙[97]万物而为言。独照神衷[98]，永怀前古，将复五等[99]而修[100]旧制，建万国以亲诸侯。窃以汉、魏以还[101]，余风之弊未尽；勋、华[102]既往，至公之道斯乖[103]。况晋氏失驭，宇县[104]崩离；后魏[105]乘时，华夷杂处。重以关河分阻[106]，吴、楚悬隔[107]，习文者学长短纵横之术[108]，习武者尽干戈战争之心，毕为狙诈[109]之阶，弥长浇浮之俗。开皇在运[110]，因藉外家[111]。驱御群英，任雄猜之数[112]；坐移明运[113]，非克定[114]之功。年逾二纪[115]，民不见德。及大业[116]嗣立，世道交丧[117]，一时一物，扫地将尽[118]。虽天纵神武[119]，削平寇虐[120]，兵威不息，劳止未康[121]。

自陛下仰顺圣慈[122]，嗣膺宝历[123]，情深致治，综核[124]前王。虽至道无名，言象所纪[125]，略陈梗概，实所庶几。爱敬烝烝[126]，劳而不倦，大舜之孝也。访安内竖[127]，亲尝御膳，文王之德也。每宪司谳罪[128]，尚书奏狱，大小必察，枉直咸举，以断趾之法，易大辟[129]之刑，仁心隐恻[130]，贯彻幽显[131]，大禹之泣辜[132]也。正色直言，虚心受纳，不简鄙讷[133]，无弃刍荛，帝尧之求谏也。弘奖名教[134]，劝励学徒[135]，既擢明经[136]于青紫[137]，将升硕儒[138]于卿相，

圣人之善诱也。群臣以宫中暑湿，寝膳或乖，请移御高明，营一小阁，遂惜十家之产，竟抑子来[139]之愿，不吝阴阳[140]之感，以安卑陋之居。顷岁霜俭[141]，普天饥馑[142]，丧乱甫尔[143]，仓廪空虚。圣情矜愍[144]，勤加赈恤，竟无一人流离道路，犹且食惟藜藿[145]，乐彻簨簴[146]，言必凄动[147]，貌成癯瘦[148]。公旦喜于重译[149]，文命矜其即叙[150]。陛下每见四夷款附[151]，万里归仁[152]，必退思进省，凝神动虑，恐妄劳中国，以求远方，不藉[153]万古之英声，以存一时之茂实[154]。心切忧劳，志绝游幸，每旦视朝[155]，听受无倦，智周于万物，道济于天下。罢朝之后，引进名臣，讨论是非，备尽肝膈[156]，惟及政事，更无异辞。才日昃[157]，必命才学之士，赐以清闲，高谈典籍，杂以文咏，间以玄言[158]，乙夜[159]忘疲，中宵[160]不寐。此之四道，独迈[161]往初，斯实生民以来，一人而已。弘兹风化，昭示四方，信可以期月之间，弥纶天壤[162]。而淳粹[163]尚阻，浮诡[164]未移，此由习之久，难以卒变。请待斫雕成器，以质代文，刑措[165]之教一行，登封[166]之礼云毕，然后定疆理[167]之制，议山河之赏，未为晚焉。《易》称：『天地盈虚，与时消息，况于人乎[168]？』美哉斯言也！

中书舍人马周又上疏曰：

伏见诏书令宗室勋贤作镇藩部[169]，贻厥子孙，嗣守其政，非有大故[170]，无或[171]黜免。臣窃惟[172]陛下封植之者，诚爱之重之，欲其绪裔承守[173]，与[174]国无疆。何则[175]？以尧、舜之父，犹有朱、均[176]之子，况下此以还？而欲以父取儿，恐失之远矣。倘有孩童嗣职，万一骄逸，则兆庶被其殃，而国家受其败。政欲绝之也，则子文之治[177]犹在；政欲留之也，而栾黡之恶[178]已彰。与其毒害于见存之百姓，则宁使割恩[179]于已亡之一臣，明矣。然则向之所谓爱之者，乃适所以伤之也。臣谓宜赋以茅土，畴其户邑[180]，必有材行，随器方授，则翰翮[181]非强，亦可以获免尤累[182]。昔汉光武不任功臣以吏事，所以终全其世者，良由得其术也。愿陛下深思其宜，使夫[183]得奉大恩，而子孙终其福禄也。

太宗并嘉纳其言。于是竟罢子弟及功臣世袭刺史。

注释

①大方：大道，常道，基本法则。②长世：很长的时间，永存，久存。③百虑同归：各种不同的思想归于一致。出自《周易·系辞下》："天下何思何虑，天下同归而殊涂，一致而百虑。"④赊促：缓急，长短。⑤遐观：遍观，遍览。⑥郡国：郡是秦朝之后实行郡县制度的地方行政单位，国是周朝等王朝实行分封制度的地方行政单位。郡国这里代指郡县制度和分封制度。⑦维城：出自《诗经·大雅·板》："怀德维宁，宗子维城。"维：连。维城：指把宗室子弟分封为诸侯以连城守卫王室。⑧逆节：叛逆的念头或行为。⑨践华：凭借华山的险要。秦都咸阳背靠华山，汉代贾谊《新书·过秦论上》中称它"践华为城，因河为池"。⑩七庙隳圮：七庙：指帝王供奉祖先的宗庙，代指王朝的统治。《礼记·王制》中说："天子七庙，三昭三穆，与太祖之庙而七。""七庙"指四亲庙（父、祖、曾祖、高祖）、二祧（远祖）和始祖庙的合称。隳圮：倾坍，倒塌。隳：音huī，毁坏，崩毁。圮：音pǐ，塌坏，倒塌。⑪上玄：上天。⑫携养：古代宦官无子，收养他人为子，谓之"携养"。曹操的父亲曹嵩本姓夏侯，被宦官曹腾收养，所以改姓曹。⑬觊觎：非分的企图或意图。⑭狱讼不归：《史记·五帝本纪》中说，尧知道自己的儿子丹朱不肖，不足以授天下，于是把天下授给舜。尧去世之后，三年之丧毕，舜避开丹朱居于南河之南。结果"诸侯朝觐者不之丹朱而之舜，狱讼者不之丹朱而之舜，讴歌者不讴歌丹朱而讴歌舜"。后以"狱讼不归"指打官司、诉讼的人不信任、归服，代指人心不服。⑮七政：指日、月和金、木、水、火、土五星。如《尚书·舜典》中有："在璇玑玉衡以齐七政。"孔安国传曰："七政日月五星各异政。"孔颖达疏曰："七政谓日月与五星也。"⑯放勋、重华：尧和舜的名字。⑰隆周卜世三十，卜年七百：《左传·宣公三年》记载："成王定鼎于郏鄏，卜世三十，卜年七百，天所命也。"⑱沦胥：沦陷，沦丧。⑲龟鼎：元龟与九鼎，古时为国之重器，用以比喻帝位。⑳悬定：预定。㉑杳冥：高远莫测，指天。㉒南征不返：周昭王事。昭王为周康王的儿子，在位时不修德行，穷兵黩武，昭王十九年南征荆楚时被船民设计淹死在江中。㉓东迁避逼：指公元前771年，周都镐京被犬戎攻破，周幽王被杀死，即位的周平王被迫将都城动迁至洛邑。㉔禋祀阙如：祭祀断绝。禋祀：古代祭天的一种礼仪，先燔柴升烟，再加牲体或玉帛于柴上焚烧。如《周礼·春官·大宗伯》中有："以禋祀祀昊天上帝，以实柴祀日月星辰，以槱燎祀司中、司命、风师、雨师。"郑玄注曰："禋之言烟。周人尚臭，烟气之臭闻者。槱，积也……三祀皆积柴、实牲体焉。或有玉帛燔燎，而升烟所以报阳也。"孙诒让《周礼正义》说："窃以意求之，

禋祀者盖以升烟为义，实柴者盖以实牲体为义，槱燎者盖以焚燎为义。礼各不同，而礼盛者得下兼其燎柴则一。』也泛指祭祀。阙如：缺少，没有。㉕郊畿：京城郊外王畿之地。㉖陵夷之渐：由盛转衰的开始。陵夷：由盛到衰，衰落。渐：征兆，开端。㉗距：雄鸡爪子后面突出像脚趾的部分。㉘百六：古代的灾变运数理论，以阴阳代表对立面，阴为六，阳为一，互为消长。百一为阳数极点，百六为阴数极点。这里以百六为厄运的极点。㉙启、诵：启是夏禹的儿子的名字，他废除了禅让制实行君位继承。诵是周武王的儿子的名字，即周成王。㉚李斯、王绾：二人都是秦朝大臣，曾当过丞相。㉛盛开四履：指在国境之内被分封为诸侯。四履：指四境的界限。㉜将闾、子婴：将闾是秦始皇的儿子，秦二世即位后被杀。子婴是秦二世的儿子，秦二世死后被赵高立为王，后被项羽所杀。㉝帝子之勃兴：指刘邦所建立的汉朝的蓬勃兴起。帝子：指汉高祖刘邦，相传他是赤帝之子。《史记·高祖本纪》记载：『高祖被酒夜径泽中令一人行前。行前者还报曰：「前有大蛇当径愿还。」高祖醉曰：「壮士行何畏！」乃前拔剑击斩蛇。蛇遂分为两径开。行数里醉因卧。后人来至蛇所有一老妪夜哭。人问何哭妪曰：「人杀吾子故哭之。」人曰：「妪子何为见杀？」妪曰：「吾子白帝子也，化为蛇，当道，今为赤帝子斩之，故哭。」人乃以妪为不诚，欲告之，妪因忽不见。』勃兴：蓬勃兴起。㉞龙颜之基命：指刘邦受天命而即位。龙颜：这里指刘邦。《史记·高祖本纪》记载：『高祖为人，隆准而龙颜，美须髯，左股有七十二黑子。』基命：即始命，指人主初受天命而就位。㉟浇淳：指浮薄的风气和淳厚的风气。㊱百王之季：百代君王中的最末一个，指当今之世。㊲三代：指夏、商、周三个朝代。㊳五服：古代王畿以外，以五百里为界限，由近及远划分为侯服、甸服、绥服、要服、荒服，合称五服。㊴王畿：指王城周围方圆千里的土地。㊵采地：指卿大夫的封地。㊶结绳：文字产生之前，古人用在绳子上结扣的方式记事，这里指上古时代。㊷象刑：相传上古时期没有肉罚，仅用与众不同的服饰给犯人穿上，以示耻辱，称为象刑。㊸刘、曹：指汉朝和三国时代的曹魏。㊹锲船求剑：即『刻舟求剑』。《吕氏春秋·察今》中说：『楚人有涉江者，其剑自舟中坠于水，遽契其舟曰：「是吾剑之所从坠。」舟止，从其所契者入水求之。舟已行矣，而剑不行，求剑若此，不亦惑乎？』契：同『锲』，一本作『刻』。后以『刻舟求剑』或『锲船求剑』比喻拘泥成法，固执不知变通。㊺胶柱成文：胶住瑟上的弦柱，想要演奏出乐章。㊻问鼎请隧：《左传·宣公三年》记载：『楚子伐陆浑之戎，遂至于雒，观兵于周疆。定王使王孙满劳楚子，楚子问鼎之大小轻重焉。』从夏朝起，九鼎便被当做国家政权的象征，三代视之为国宝。楚王问鼎，表明要取而代周之意。后人遂以『问鼎』代指图谋王位的行为。《左传·僖公二十五年》记载：『晋侯朝王。王享醴，命之宥。请隧，弗许。』杜预注曰：『阙地通路曰隧，王之葬礼也；诸侯皆县柩而下。』隧葬为天子的葬礼，诸侯请求隧葬，是僭越的行为。后人以『请隧』代指图谋统治天下。㊼白马素车：《史记·秦始皇本纪》记载：『楚将沛公破秦军入武关，遂至霸上，使人约降子婴。子婴即系颈以组，白马素车，奉天子玺符，降轵道旁。沛公遂入咸阳。』白马素车在古代是凶丧的舆服。子婴白马素车以降，以示丧亡之意。㊽藩维：指藩国，古代王朝的属国，诸侯国。㊾望夷之衅：望夷：秦代宫名，因东北临泾水以望北夷而得名，故址在今陕西省泾阳县东南。秦朝末年，赵高将秦二世杀死于此。衅：祸患，祸乱。㊿羿、浞之灾：羿，传说夏代有穷国的君主，善于射箭，又称『后羿』、『夷羿』。浞，即寒浞，羿的助手和亲信，后将羿杀死，自己取而代之。(51)高贵之殃：高贵，指三国时魏国的高贵乡公曹髦，魏国的皇帝，曹丕的孙子，后被司马昭所杀。(52)宁异：岂有异于。(53)申、缯之酷：指西周末年，申侯和缯侯联合犬戎进攻周王室，将周幽王杀死在骊山之下。(54)钦明：敬肃明察。(55)守宰：指地方长官。(56)陵：侵犯，欺负。(57)暴：欺凌，损害。(58)狐骀之役：《左传·襄公四年》记载：『冬十月，邾人、莒人伐鄫。臧纥救鄫，侵邾，败于狐骀。国人逆丧者皆髽。』狐骀：春秋时邾地，在今山东滕州东南二十里。(59)髽：音 zhuā，古代妇女服丧时用麻扎成的发髻。(60)崤陵之师：秦穆公时，秦国趁晋文公去世发丧之际，派孟明视、西乞术、白乙丙率军偷袭晋国，结果被晋军在崤陵打得大败，连三帅都被俘虏。崤陵，即崤山，在今河南省西部。(61)陆士衡：即西晋时文学家陆机，与其弟陆云并称『二陆』。(62)规规然：浅陋拘泥的样子。(63)委：抛弃，舍弃。(64)凶族：原指与尧、舜部族敌对的四个部落浑敦、穷奇、梼杌、饕餮，后泛称敌对的民族或恶人。(65)天邑：指帝王之都，京城。(66)晏然：安宁，安定，秩序井然。(67)循良：指官吏奉公守法。(68)膺：担当，承担重任。(69)刺举分竹：指举荐贤才，委以官职。刺举：检举奸恶，举荐有功。分竹：给予作为权力象征的竹使符，谓封官授权。(70)曹元首：名冏，三国时魏国人，曾著《六代论》。(71)区区然：拘泥、平庸的样子。(72)门资：门第。(73)离宫别馆：帝王在京城之外建造的供出巡时居住的宫殿。(74)切汉：靠近天宇。切：接近，贴近。汉：银河。(75)刑：加刑，摧折。(76)陈灵则君臣悖礼，共侮征舒：陈灵，即陈灵公，春秋时陈国的国君，公元前613—前599年在位。因与大臣孔宁、仪行父一起私通御叔的妻子夏姬并戏辱夏姬的儿子征舒，被征舒所杀。《史记·陈杞世家》记载：『灵公与其大夫孔宁、仪行父皆通于夏姬，衷其衣以戏于朝。泄冶谏曰：「君臣淫乱，民何效焉？」灵公以告二子，二子请杀泄冶，公弗禁，遂杀泄冶。十五年，灵公与二子饮于夏氏。公戏二子曰：「征舒似汝。」二子曰：「亦似公。」征舒怒。灵公罢酒出，征舒伏弩厩门射杀灵公。孔宁、仪行父皆奔楚，灵公太子午奔晋。征舒自立为陈侯。征舒，故陈大夫也。夏姬，御叔之妻，舒之母也。』(77)卫宣则父子聚麀，终诛寿、朔：卫宣即卫宣公，卫庄公的儿子，生性荒淫暴虐，公子寿和公子朔都是宣公的儿子。根据史籍记载，因宣公违背礼制而被害死的宣公的儿子应为公子寿和公子伋。聚麀：指父子乱伦的行为。《礼记·曲礼上》中有：『夫唯禽兽无礼，故父子聚麀。』郑玄注曰：

『聚，犹共也。鹿牝曰麀。』也就是说，禽兽不知父子夫妇之伦，所以才有父子共与同一雌性发生两性关系之事。后以聚麀指两代的乱伦行为。《史记·卫康叔世家》记载：『初，宣公爱夫人夷姜，夷姜生子伋，以为太子，而令右公子傅之。右公子为太子取齐女，未入室，而宣公见所欲为太子妇者好，说而自取之，更为太子取他女。宣公得齐女，生子寿、子朔，令左公子傅之。太子伋母死，宣公正夫人与朔共谗恶太子伋。宣公自以其夺太子妻也，心恶太子，欲废之。及闻其恶，大怒，乃使太子伋於齐而令盗遮界上杀之，与太子白旄，而告界盗见持白旄者杀之。且行，子朔之兄寿，太子异母弟也，知朔之恶太子而君欲杀之，乃谓太子曰：「界盗见太子白旄，即杀太子，太子可毋行。」太子曰：「逆父命求生，不可。」遂行。寿见太子不止，乃盗其白旄而先驰至界。界盗见其验，即杀之。寿已死，而太子伋又至，谓盗曰：「所当杀乃我也。」盗并杀太子伋，以报宣公。宣公乃以子朔为太子。』(78)年劳：古代官吏考绩擢升的标准之一，任职的年数和劳苦程度。(79)黜陟：人才的进退，官吏的升降。(80)官舍：官吏的住宅。(81)班条：《旧唐书·李百药传》作『颁条』，即发布律令。(82)食不举火：东汉的左雄为冀州刺史，在任的时候不举烟火，常吃干粮。(83)剖符：古代帝王分封诸侯、功臣时，以竹符为信证，剖分为二，君臣各执其一，称为『剖符』。(84)居惟饮水：东晋时，平阳襄陵（今山西临汾东南）人邓攸任吴郡太守，米粮由自己带来，只喝吴地的水。(85)南阳太守，弊布裹身：东汉羊续为南阳太守，『时，权豪之家多尚奢丽，续深疾之，常敝衣薄食，车马羸败。……其资藏惟有布衾、敝祗裯，盐、麦数斛而已』。弊：破旧，破损。(86)莱芜县长，凝尘生甑：东汉范丹，又名范冉，字史云。《后汉书·范冉传》记载：『桓帝时，以冉为莱芜长，遭母忧，不到官。后辟太尉府，以狷急不能从俗，常佩韦于朝。议者欲以为侍御史，因遁身逃命于梁沛之间，徒行敝服，卖卜于市。遭党人禁锢，遂推鹿车，载妻子，捃拾自资。或寓息客庐，或依宿树荫。如此十余年，乃结草室而居焉。所止单陋，有时粮粒尽，穷居自若，言貌无改。闾里歌之曰：「甑中生尘范史云，釜中生鱼范莱芜。」」甑：古代蒸饭的一种瓦器。(87)世及：世袭，世代相传。(88)附下：迁就、偏袒臣下。(89)次睢咸秩，遂用玉帛之君：《左传·僖公十九年》记载：「夏，宋公使邾文公用鄫子于次睢之社，欲以属东夷。」当时，正在谋求霸业的宋襄公因小国鄫国的国君冒犯了自己，命另一小国邾国的国君邾文公扣留了他，并将其杀死用来祭祀次睢的土地神，想以此招降与鄫国有世仇的东夷人。次睢：在山东临沂东北，次睢社是东夷人的社（即祭祀土地神的地方），老百姓称之为食人社。咸秩：都按秩序行事，此处代指祭祀的仪式和程序。玉帛之君：古代祭祀、会盟、朝聘等常用圭璋和束帛，借指执献玉帛的诸侯或外国使者。鄫国的国君到邾国去本来是想参加郑、鄫、曹、滕等国的会盟，因此称为玉帛之君。(90)鲁道有荡，每等衣裳之会：「鲁道有荡」出自《诗经·齐风》中的《南山》和《载驱》，《南山》诗中有：「山崔崔，雄狐绥绥。鲁道有荡，齐子由归。既曰归止，曷又怀止？葛屦五两，冠緌双止。鲁道有荡，齐子庸止。既曰庸止，曷又从止？」《载驱》诗中说：「载驱薄薄，簟茀朱鞟。鲁道有荡，齐子发夕。四骊济济，垂辔沵沵。鲁道有荡，齐子岂弟。汶水汤汤，行人彭彭。鲁道有荡，齐子翱翔。汶水滔滔，行人儦儦。鲁道有荡，齐子游敖。」二诗都是讽刺鲁桓公的夫人齐姜与其兄长齐襄公数次私通之事。衣裳之会：原意是诸侯之间和好的会议，相对于「兵车之会」而言。这里指男女之间私通的约会。(91)东洛：即定都洛阳的东汉。(92)御天：控御天道，统治天下。(93)焚溺：焚烧淹没，比喻人受苦难好像陷入水火之中。(94)氛祲：雾气，比喻战乱，祸乱。(95)寰区：天下，世间。(96)二仪：天地。(97)妙：精微，这里指精确地察知。(98)独照神衷：独到的认识，神明的内心。独照：独到的眼光，独特的认识。神衷：神明的内心，常用以称颂帝王的意旨。(99)五等：《礼记·王制》中说：「王者之制禄爵，公、侯、伯、子、男五等。」这里以「五等」指爵位的五个等级。(100)修：遵循。(101)以还：以来。

(102)勋、华：即尧舜。勋即放勋，尧的名；华即重华，舜的名。(103)乖：违背，废弃。(104)宇县：即天下。如《史记·秦始皇本纪》有：「大矣哉，宇县之中，承顺圣意。」裴骃《集解》说：「宇，宇宙；县，赤县」。(105)后魏：指由鲜卑族拓跋氏建立的北魏，后分裂为东魏和西魏。(106)关河分阻：山河分割。关河：《史记·苏秦列传》有：「秦四塞之国，被山带渭，东有关河，西有汉中。」张守节《正义》说：「东有黄河，有函谷、蒲津、龙门、合河等关。」「关河」指关塞和黄河，都是中国阻挡北方少数民族的天险。也泛指山河。分阻：分割相阻。(107)悬隔：离得很远，隔绝。(108)长短纵横之术：指纵横家的辩论之术。长短：《史记·酷吏列传》有：「边通，学长短。」裴骃《集解》引《汉书音义》说：「长短术兴于六国时。行长入短，其语隐谬，用相激怒。」纵横：指以辩才陈述利害、游说君主，先秦时有纵横家，专事合纵连横之事。(109)狙诈：伺机取诈。(110)开皇在运：指杨坚建立隋朝。开皇：隋文帝杨坚的年号。在运：根据运数，指接受天命登极当皇帝。(111)因藉外家：凭借的是外戚的身份。因藉：凭借，依傍。外家：外戚。杨坚的长女是北周宣帝宇文赟的皇后。(112)任雄猜之数：使用猜疑的心计。任：用，使。雄猜：即多疑。数：心计，权谋。(113)坐移明运：没费力气转移了国运。杨坚是通过逼年幼的周静帝「禅让」的方式获得的帝位。坐：坐享。(114)克定：安定，平定。(115)年逾二纪：杨坚在位24年。纪：古代的时间单位，一纪等于十二年。(116)大业：隋炀帝杨广的年号。(117)交丧：出自《庄子·缮性》：「由是观之，世丧道矣，道丧世矣，世与道交相丧也。」后以「交丧」比喻衰乱。(118)扫地将尽：（良好的风气）几乎全部丧失。扫地：打扫地面，比喻全部，尽数。(119)天纵神武：上天赋予英明威武。天纵：上天赋予，常用以谀美帝王。神武：英明威武，多用以称颂帝王将相。(120)寇虐：残贼凶暴之人。(121)劳止未康：费尽辛劳也得不到安宁。《诗经·大雅·民劳》有：「民亦劳止，汔可小康。」劳止：辛劳，劳苦。康：安宁。(122)仰顺圣慈：恭敬地顺从太上皇的旨意。圣慈：圣明慈祥，古代对皇帝或皇太后的谀称。这里指太上皇李渊。玄武门兵变之后，唐高祖李渊被迫退位，将皇位让与李世民。(123)嗣膺宝历：继承皇位。嗣膺：继承前人而接受。宝历：国祚，皇位。(124)综核：汇总并加以考核。(125)言象所纪：通过言语描述一下它的大概。象：描绘，描述。纪：端绪，要领。(126)烝烝：德行深厚完美。《尚书·尧典》中说舜：『父顽，母嚚，象傲，克谐，以孝烝烝，乂不格奸。』王引之《经义述闻·尚书上》解释说：『谓之烝烝者，言孝德之厚美也。』(127)访安内竖：向宫中的小官询问父亲是否安泰。内竖：宫中的小臣，也特指宦官。《礼记·文王世子》载：『文王之为世子，朝于王季日三。鸡初鸣而衣服，至于寝门外，问内竖之御者曰：「今日安否？何如？」内竖曰：「安。」文王乃喜。及日中又至，亦如之。及莫又至，亦如之。其有不安节，则内竖以告文王，文王色忧，行不能正履。』(128)谳罪：审判定罪。谳：音yàn，审判定罪。(129)大辟：古代五刑之一，即死刑。(130)恻隐：怜悯，怜惜。(131)幽显：阴间和阳间。(132)泣辜：因哀怜罪人而哭泣。出自《说苑·君道》：『禹出见罪人，下车问而泣之，左右曰：「夫罪人不顺道，故使然焉，君王何为痛之至于此也？」禹曰：「尧舜之人，皆以尧舜之心为心；今寡人为君也，百姓各自以其心为心，是以痛之。」书曰：「百姓有罪，在予一人。」』(133)不简鄙讷：不怠慢鄙野迟钝的言论。简：怠慢。鄙讷：鄙野迟钝。(134)弘奖名教：弘扬鼓励礼教。弘奖：弘扬鼓励。名教：礼教，封建的道德规范和秩序。(135)学徒：从师受业的人，泛指读书人。(136)明经：通晓经术，这里指通晓经术的人。(137)青紫：古代公卿绶带的颜色，借指高官显爵。(138)硕儒：大儒。(139)子来：出自《诗经·大雅·灵台》：『经始灵台，经之营之。庶民攻之，不日成之。经始勿亟，庶民子来。』朱熹《集传》曰：『文王之台，方其经度营表之际，而庶民已来作之，所以不终日而成也。虽文王心恐烦民，戒令勿亟，而民心乐之，如子趣父事，不召自来也。』后以『子来』比喻民心归附，如同子女趋事父母，不召自来，竭

诚效忠。(140)阴阳：即寒暑。(141)顷岁霜俭：近年来因霜灾造成收成减少。顷岁：近年，往年。霜俭：严霜使庄稼歉收。(142)普天饥馑：全国遭受灾荒。普天：普天下，全国。(143)甫尔：初始。(144)矜愍：哀怜，怜悯。(145)藜藿：藜和藿，泛指粗劣的饭菜。(146)乐彻簨簴：指停止了音乐演奏和欣赏。彻：拆毁，拆下。簨簴：音zhuàn jù，又作簨虡。古代悬挂钟磬鼓的木架，横杆叫簨，饰之以鳞属；直柱叫簴，饰之以蠃属、羽属。(147)凄动：凄楚感动。(148)癯瘦：清瘦，消瘦。癯：音qú，瘦。(149)公旦喜于重译：公旦，即周公，名旦。重译：辗转翻译。《后汉书·南蛮西南夷列传》记载：『交址（即交趾）之南有越裳国。周公居摄六年，制礼作乐，天下和平，越裳以三象重译而献白雉，曰：「道路悠远，山川岨深，音使不通，故重译而朝。」』(150)文命矜其即叙：元代戈直注曰：『「文命，《史记》以为禹名。《夏书》曰：「织皮昆仑、析支、渠搜，西戎即叙。」即，就也。言雍州水土即平，而余功及于西戎也。」』即叙：就序，归顺。(151)款附：诚心归附。(152)归仁：归附仁德之君。(153)藉：顾念，顾惜。(154)茂实：丰足。(155)视朝：临朝听政。(156)肝膈：肺腑，内心。(157)日昃：太阳偏西，大约下午两点左右。(158)玄言：指魏晋时期崇尚老庄玄理的言论或言谈。(159)乙夜：二更时分，大约夜间十点左右。(160)中宵：中夜，半夜。(161)迈：超越，超过。(162)弥纶天壤：遍布于天地之间。弥纶：统摄，笼盖。天壤：天地之间。(163)淳粹：淳厚精粹。(164)浮诡：虚伪诡诈。(165)刑措：刑罚搁置不用。(166)登封：登山封禅，指古帝王登泰山祭天祭地。(167)疆理：划分疆界治理。(168)天地盈虚，与时消息，况于人乎：出自《周易·丰卦·彖传》。盈虚：盈满或虚空，指发展变化。消息：消长，增减。(169)作镇藩部：到属国镇守，指分封为诸侯。作镇：镇守一方。(170)大故：严重的过错或罪恶。如《论语·微子》中有：『故旧无大故，则不弃也。』何晏《集解》引孔安国曰：『大故，谓恶逆之事。』(171)无或：不要。(172)惟：思考，想。(173)绪裔承守：子孙继承守护。绪裔：子孙后代。承守：继承守护先祖的家业。(174)

与：赐予，给予。⑰5何则：为什么。常用于自问自答。⑰6朱、均：指要的儿子丹朱和舜的儿子商均。⑰7子文之治：子文，春秋时楚国的令尹，姓关。据《左传·宣公四年》记载：『其孙箴尹克黄使于齐，还，及宋，闻乱。其人曰：「不可以入矣。」箴尹曰：「弃君之命，独谁受之？君，天也，天可逃乎？」遂归，复命而自拘于司败。王思子文之治楚国也，曰：「子文无后，何以劝善？」使复其所，改命曰生。』⑰8栾黡之恶：栾黡，春秋时晋国贤大夫武子的儿子，栾盈的父亲。《左传·襄公十四年》记载：『秦伯问于士鞅曰：「晋大夫其谁先亡？」对曰：「其栾氏乎！」秦伯曰：「以其汰乎？」对曰：「然。栾黡汰虐已甚，犹可以免。其在盈乎！」秦伯曰：「何故？」对曰：「武子之德在民，如周人之思召公焉，爱其甘棠，况其子乎？栾黡死，盈之善未能及人，武子所施没矣，而黡之怨实章，将于是乎在。」』⑰9割恩：弃绝私恩。⑱0畴其户邑：世代相传他们的具有一定人口的食邑。畴：世代相传。⑱1翰翮：羽翼，这里代指能力。⑱2尤累：过失。⑱3夫：音fú，假借为『彼』，他，它，他们。

译文 贞观十一年（637年），唐太宗认为，周朝分封子弟，延续了八百多年，秦朝废除分封诸侯制度，经历了二世就灭亡了，吕后想要危及刘氏的江山，汉朝最终依靠宗室获得安定，分封亲族和贤臣，应当是子孙长久保持帝业的途径。于是制定制度，把李姓子弟荆州都督荆王李元景、安州都督吴王李恪等二十一人，又把功臣司空赵州刺史长孙无忌、尚书左仆射宋州刺史房玄龄等十四人，一起封为世袭刺史。礼部侍郎李百药上奏章反驳世袭分封之事说：

我听说治理国家保护人民，是实行王道的君主的一般制度；尊敬君主安定长上，是老百姓心目中的基本法则。打算阐述国家安定有序的规则，以发扬长久不衰的事业，这是万古不变，各种不同的思想都会归于一致的。然而，天命历数有长短的区别，国家秩序有治乱的差异，遍览古代的典籍，对这一规律论述非常详细。都说周朝超过了天命历数的期限，

貞觀政要 精注 精译 精评

秦朝没有达到应当的统治期限，长存和灭亡的道理，就在于实行的是郡县制还是分封制。周朝因为借鉴了夏朝和殷商统治长久的经验，遵循前代圣王一致采用的治国方针，联结子弟的封地坚如磐石，根基深厚国本稳固，虽然王室纲纪废弛，但有枝干相互扶持，所以能够使叛逆的行为不会发生，宗庙的祭祀没有断绝。秦朝违背师法古人的经验，抛弃前代圣王治理国家的原则，凭借华山依仗地势险要，废弃诸侯设置郡守，宗室子弟没有尺寸土地的食邑，万民罕有共同治理的忧虑，所以一个普通百姓放声一呼秦朝的统治就土崩瓦解了。

我认为自古以来的君主，君临天下，没有一个不是受命于上天，载名于帝录，创业的时候恰逢帝王兴起的时机，为天下忧虑赶上开启神圣帝业的时代。虽然魏武帝曹操是宦官养子出身，汉高祖刘邦曾经是低贱的劳役，他们并不仅是心里有过分的企图，即使往外推也是推不掉帝位的。如果诉讼的人都不再信任、归服他，精华都已经枯竭，虽然帝尧的功德普照天下，大舜的政绩比齐于日月星辰，他们并不仅是心里有禅让的想法，即使想保守住帝位也是守不住的。以帝尧和大舜的功德，尚且不能使他们的后代昌盛不衰，因此可以知道帝祚的长短，一定是由天命决定的，而国家统治有兴有衰，则是源于人的努力。强盛的周朝根据占卜的结果传位三十代，延续七百年，虽然统治秩序沦丧到极点，而周文王、周武王受命的神器尚在，元龟、九鼎之类重器所代表的帝位的绵延，已经由上天预先决定了。至于导致周昭王死于南征途中没有返回京城，周成王被迫将京城东迁，国家的祭祀大典断绝，京城近郊的土地都无法守住，这就是由盛转衰的开始，被封邦建国的制度所累。暴虐的秦朝的运数好像鸡脚上多出的脚距、闰年多出的日子一样，周朝的运数已经衰落到极点，秦朝的受命之君德行有异于夏禹、商汤，继世之君，才能也不同于启和诵，假使李斯、王绾等人都在国内大辟封地，将闾、子婴等人都建立千辆兵车的大诸侯国，怎么能够逆转汉朝的蓬勃兴起，抗拒刘邦受天命而即位呢！

然而得失成败，都是各有原因的。而从事著述的人，大多是按照常规，没有一个不是从内心里忘记了当今和古代的区别，在道理上分不清风俗浮薄还是淳厚，想要在当今之世，推行三代时的治国法则，五服之内天下的土地，都分封给诸侯，王城周围千里之间，都变成卿大夫的封地。这是把结绳记事时候的教化之道推行于虞舜、夏禹时代，用上古象刑时期的法典来治理汉、魏时代的末期，法令纲纪会废弛紊乱，很清楚地可以断定。刻舟求剑，没有发现它的可行之处；胶住瑟上的弦柱想要演奏出乐章，只能增加更多的迷惑。只知道楚国问鼎和晋国请隧之事发生之后，就惧怕霸王的军队；子婴白马素车降汉之后，就不再有属国的援助。不了解赵高在望夷宫杀死秦二世的祸乱，与后羿被寒浞所害的灾祸无法相比；已经遭逢的高贵乡公曹髦被司马昭杀死的灾难，又何异于申侯和缯侯攻杀周幽王的残酷。这就是恭敬明察的人和昏庸妄为的人，都是自己改变安危的局面，并不是官员和公侯，来成就了国家的兴亡和灭亡。况且数代之后，王室日渐衰微，开始时是藩国和屏障，变为了仇敌。家与家之间习俗不同，国与国之间政令不同，势力强的欺负势力弱的，人口多的欺凌人口少的，疆场上势同水火，用武力相互攻打。狐骀一战，鲁国的妇女服丧都扎起了髽髻；崤陵之战，秦军连一辆战车都没有回来。这只是略举一两个例子，其余的事件不可胜数。陆士衡曾经浅陋拘泥地说：『继承王位的人抛弃了九鼎，凶狠的敌人占据了京城，天下秩序井然，以安定等待变乱。』这话是何等的荒谬啊！然而，国家设立官府分配职责，任用贤良之士，使用有才能之人，用奉公守法的人才，担当共同治理国家的重任，选拔贤才授予官职，哪个时代会没有人？以致使大地时时呈现出祥瑞，上天不吝惜宝物，老百姓将君主称誉为父母，国家治理有如神明相助。曹元首曾经片面地认为：『与他人共享自己的欢乐的人他人一定为他的忧虑而忧虑，与他人共同享受自己的安宁的人别人一定会拯救他的危险。』难道能够容忍把他封为侯爵或伯爵就同君主共同分担安危，任命他为州牧或者县宰就与君主有不同

的忧乐吗？这话是多么荒谬啊！

受封为国君，建立诸侯国，凭借的是其门第出身，忘记了他的先人创业的艰难，轻视他没有经过努力而自然得来的崇高尊贵的地位，无不世世增长淫乱暴虐，代代增加骄纵奢侈。四处建造的离宫别馆，上接天宇直上云霄，或者将民力摧折殆尽，或者邀诸侯一起享乐。陈灵公则君臣一起违背礼制，共同戏辱征舒；卫宣公则父子乱伦，终于害死了公子寿和公子朔。还说他们为自己考虑治理国家，果真是这样吗？京城和地方上的众官吏，都是朝廷挑选出来的，选拔士民百姓来充任，使水面明澈宁静以为镜鉴来鉴察他们，根据任职年数、劳苦程度给予优厚的品阶官职，通过政绩考核明确他们的进退和升迁。他们进取的心情迫切，相互激励的情意深厚，他们或者领取的俸禄不用于自家，妻子儿子不居住在官宅。身居有权发布律令的尊贵地位，吃饭的时候不举烟火；身负君主重托的封疆大吏，居官期间只喝当地的清水。羊续为南阳太守，破旧的衣服蔽体；范丹为莱芜县令，蒸饭用的甑上积满了灰尘。只说他们做官是为了获利贪图财物，这是多么违背事实啊！总而言之，爵位不是世代相传，任用贤才的道路就宽广；老百姓没有固定的主人，迁就臣下的情感就不会有。这是愚蠢和贤明的人都能看到的道理，怎么能够迷惑呢？至于诸如消灭国家、杀掉国君，扰乱伦常、违犯法纪的事情，春秋二百多年间，几乎没有一年是安宁的。次睢的祭祀仪式规范有序，就杀了前来会盟的诸侯国君做祭品；鲁国的道路宽广坦荡，经常等待的是男女间的私通幽会。即使西汉末年的哀帝、平帝之际，东汉末年的桓帝、灵帝之时，下层的官吏荒淫暴虐，也不至于到这种地步。治理国家的道理，是能够用一句话来概括的。

陛下掌握纲纪控御天下，顺应天数开启伟业，拯救万民于水火之中，扫除祸乱于四海之内。创业传位，以匹配天地为标准树立德业；发号施令，以洞察万物为前提提出主张。独到的认识，神明的内心，永远记得前人的成败教训，将

要恢复五等爵位并遵循旧时的制度，建立众多的国家以亲近诸侯。我私下里认为，自从两汉三国以来，分封诸侯所遗留下来的弊端尚没有消除，尧舜时代已经成为过去，大公无私的原则已经被废弃。况且分封诸侯的晋朝失去控制，天下分崩离析；北魏乘机而起，汉人与夷狄之人混杂而居。重新造成了山河分割，吴楚隔绝的局面，学文的人学习的是辩论游说之术，学武的人心里头都是尚武好战之心，都是从事伺机取诈之事的阶梯，助长了浮薄的社会风气。隋文帝开创隋朝，凭借的是外戚的身份。驱策驾驭天下的英豪，一贯使用猜疑的心计；没费力气转移了国运，没有平定天下的功绩。在位超过二十四年，老百姓没有看到他的德行。等到隋炀帝即位，世道衰乱，每个时间每件事物中，良好的秩序都几乎全部丧失殆尽，虽然上天赋予陛下英明威武，铲除了残贼凶暴之人，军事行动没有止息，费尽辛劳也还得不到安宁。

自从陛下恭敬地顺从太上皇的旨意，继承了皇位，投入深厚的感情追求国家的安定有序，综合参考前代圣王的治国经验。虽然至高的大道无法言说，但通过语言描述一下其中的要领，简略地陈述一下大概的内容，肯定还是可以近似地表述的。对父皇爱戴恭敬的德行深厚而完美，为父皇辛勤劳作而不知疲倦，这是大舜一样的孝行。向宫中的小官询问父皇是否安泰，亲自品尝父皇的膳食，这是文王一样的德行。每当掌管法令的官署审判定罪，尚书省官员陈奏案件，不论案情大小都要认真审察，曲与直都能得到恰当地处理，用斩断脚趾的办法，代替处死的刑罚，仁爱之心充满同情怜悯，贯通体现于阴阳二世，这是大禹见罪人而哭泣一样的行为。严肃的表情，耿直的言语，都能够虚心加以接受和采纳，从不怠慢鄙野迟钝的言论，没有忽视普通百姓的意见，这是帝尧一样的寻求劝谏。弘扬鼓励礼教，劝勉激励读书人，已经将通晓经术的人提拔为高官显爵，又打算提升大儒到卿相的位置，这是圣人一样的善于诱进。群臣因为宫中湿热，用于就寝和用膳或许不太舒适，请求陛下搬迁到明亮的高处，在那里营造一座小的楼阁，您于是就爱惜可能要耗费的十家普

通百姓的家产，居然回绝了众人发自内心的愿望，不吝惜身体遭受的暑热和酷寒，安心居住在低矮简陋的居室里。近年遭受霜灾庄稼歉收，全国遇到饥荒，社会动荡开始发生，仓库之中空虚匮乏。陛下心里感到怜悯，不断进行赈济抚恤，竟然没有一个人流离于道路，陛下还是只吃些粗劣的饭菜，停止了演奏和欣赏音乐，言辞必定凄楚动情，面容变得消瘦。周公因南蛮辗转翻译来朝而欣喜，大禹因西戎感恩归顺而夸耀。陛下每当看到四方的民族诚心归附，万里之外的人民投奔前来，仁德之君一定会退也反省进也考虑，聚精会神加以思考，唯恐轻易损耗中原的人力物力，来追求开拓远方，不顾念英明流传万古，以保持当时的人民丰足。心里深切忧虑愁思，一意断绝出游娱乐，每天清晨临朝听政，听取意见不知倦怠，智慧遍知各种事物，道义普施于天下民众。退朝之后，招来有名的大臣，讨论施政的对与错，倾吐肺腑之言，谈话只涉及国家治理问题，再没有别的话题。才到太阳偏西，一定让有才华的读书人，赐给他们清静悠闲，侃侃而谈前人的典籍，中间穿插作文咏诗，有时聊聊老庄玄谈，二更时分还忘记疲倦，半夜时分仍不安歇。这四个方面，独有陛下一人超过以前任何时代，的确是人类产生以来，只有您一个人而已。弘扬风俗教化，明白地示于天下，相信能够在一年之内，使淳朴的风气遍布于天地之间。然而当前淳厚精粹的风气的形成尚有阻碍，虚伪诡诈的习气还没有改变，这是由于这种风习已经持续很久了，难以短期转变。希望等到国家秩序如同玉石被雕琢成器具一样的时候，用质朴代替浮华之后，刑罚搁置不用的教化方式完全施行，登山封禅的典礼完全完毕之后，然后确定划分疆界进行治理的制度，谈论用山河土地进行赏赐，这时候也不算晚。《周易》中说：『天地间事物的盈虚变化，根据时间变化而消长，何况人呢？』这话说得好啊！

中书舍人马周又上疏说：

我看到诏书中让宗室子弟和有功勋的贤才去镇守藩国，并传给他们的子孙，世代继承那里的社会治理，不是有严重的过错，不能革除。我私下里想，陛下分封扶植他们的原因，是从内心里爱护他们重视他们，想要使他们子孙继承守护，把分封的国家永远赐给他们。我为什么要上疏呢？以尧、舜这样的父亲，尚且有丹朱、商均这样的儿子，何况还不如他们的人呢？可见根据父亲来选择儿子，恐怕会差错很远啊。倘若有未成年的孩子继承职位，万一骄纵放荡，那么广大百姓就会受他的摧残，而国家也会被他所败坏。想要从制度上断绝分封，那么楚国对令尹子文的处理方式还可以借鉴；想要在制度上保留分封，而栾黡之类继承者的恶行已经非常明显。与其荼毒残害仍然生存着的百姓，则不如对已经去世的一个大臣弃绝私恩，这个道理很明显啊。既然这样，那么原来所说的爱护他们的措施，而恰恰是伤害他们的做法。我认为可以给他们封地，世代相传他们的食邑，但一定要具有才能和品行，根据才干授予他们，这样即使能力不强，也能够得以避免产生过失。当初汉光武帝不任用功臣做官吏做的事，因此能够最终保全他们一生，确是是由于采取了正确的处理办法。希望陛下再认真考虑这件事的恰当处理方式，使他们能够承受陛下的大恩，而子孙也能终享他们的福祉和俸禄。』

唐太宗对他们的话都很赞赏。于是最终取消了授予宗室子弟和功臣世袭刺史。

评点 柳宗元曾经说：『封建，非圣人意也，势也。』一个国家采取哪种体制，最重要的依据是社会发展的需要，而不能够拘泥执守。正如范祖禹所说：『古代的法则不能用于当今，就像今天的法则不能用在古代一样。后世如果有推行王道的，亲近亲人并且尊重贤人，追求美德并且爱护人民，慎重的选择太守、县令来治理郡县，也足以实现天下太平，礼乐隆盛。为什么一定要像古代的封建制度一样，才被看做兴盛呢？』

卷四

太子诸王定分第九

贞观七年，授吴王恪齐州都督。太宗谓侍臣曰：『父子之情，岂不欲常相见耶？但家国事殊，须出作藩屏。且令其早有定分，绝觊觎之心，我百年①后，使其兄弟无危亡②之患也。』

注释 ①百年：死的婉辞。②危亡：这里指兄弟相互争夺和残杀。

译文 贞观七年（633年），任命吴王李恪为齐州都督。唐太宗对身边侍从的大臣说：『父子之间的感情，难道不想经常见面吗？但家事和国事不同，必须出去做国家的屏障。并且让他早有确定的名分，断绝他的非分企图之心，等到我去世之后，让他们兄弟没有相互威胁和残杀的灾难。』

评点 中国古代，王室子弟之间相互争夺乃至残杀的事例比比皆是。李世民当然也看到了这一点，因此立李承乾为太子的同时，也希望使其他几个儿子的名分早日确定，以免日后产生像自己与李建成之间的事情。

贞观十一年，侍御史马周上疏曰：『汉、晋以来，诸王皆为树置①失宜，不预立定分，以至于灭亡。人主熟知其然，但溺于私爱②，故前车既覆而后车不改辙也。今诸王承宠遇之恩有过厚者，臣之愚虑③，不惟虑其恃恩骄矜也。昔魏武帝宠树陈思④，及文帝即位，防守禁闭，有同狱囚，以先帝加恩太多，故嗣王从而畏之也。此则武帝之宠陈思，适所以苦之也。且帝子何患不富贵，身食大国，封户不少，好衣美食之外，更何所须？而每年别加优赐，曾无纪极⑤。俚语曰：「贫不学俭，富不学奢。」言自然也。今陛下以大圣创业，岂惟处置见在子弟而已？当须制长久之法，使万代遵行。』疏奏，太宗甚嘉之，赐物百段。

注释

①树置：树立，扶植。②私爱：对自己亲近的人的偏爱。③愚虑：谦称，我自己的思虑。④陈思：曹操的三子曹植，曾被封为陈王，死后谥思。⑤纪极：终极，限度。

译文

贞观十一年（637年），侍御史马周上疏说：『汉、晋以来，亲王们都因为安置不当，没有预先确定固定的名分，以至于纷纷灭亡。君主都深知这种情况，但由于沉溺于偏爱，所以前面的车子虽然已经倾覆了但后面的车子仍然不改变路线。如今众亲王中承蒙宠爱对待之恩有过于丰厚的，我自己思虑，不只是忧虑他们会依仗皇恩而骄纵自负。当初魏武帝曹操宠爱扶植曹植，等到文帝曹丕即位，为了防范他而将其关起来，如同监狱中的囚犯一样，因先帝给予他的恩德太多，所以即位的君主因而畏惧他。这就是曹操对曹植的宠爱，恰恰是因此而害了他。况且帝王的儿子何愁不富贵，自身以大国为食邑，封给他的户数自然不会少，好衣服好食物之外，还需要什么呢？而每年另外加给他的优厚赏赐，从来没有限度。俗语说：「贫穷不必学俭朴，富足不必学奢侈。」说的就是这些事情都是自然而然的。如今陛下以大智慧开创了帝业，难道只是考虑安置现在这些子弟而已？应当制定长远的办法，使世世代代遵循实行。』奏章呈奏上去，唐太宗非常赞赏，赐给他百段绢帛。

评点

对于帝王来说，每个儿子都是自己的骨肉，都有偏爱的可能，但为了政权稳定，掌握着至高无上的权力的帝王又不能把自己的偏私表现出来。所以帝王对待自己的儿子们的态度问题，虽然表面上是他的私事、家事，但古人又常常将帝王能否别嫌疑、明嫡庶作为他们能否克制私欲的重要表现。

贞观十三年，谏议大夫褚遂良以每日特给魏王泰府料物有逾于皇太子，上疏谏曰：『昔圣人制礼，尊嫡卑庶①。谓之储君，道亚霄极②，甚为崇重，用物不计，泉货③财帛，与王者共之。庶子体卑，不得为例④，所以塞嫌疑之渐，除祸乱之源。而先王必本于人情，然后制法，知有国家，必有嫡庶。然庶子虽爱，不得超越嫡子，正体⑤特须尊崇。如不能明立定分，遂使当亲者疏，当尊者卑，则佞巧之徒承机而动，私恩害公，惑志乱国。伏惟陛下功超万古，道冠百王，发施号令，为世作法。一日万机，或未尽美，臣职谏诤，无容静默。伏见储君料物，翻⑥少魏王，朝野见闻，不以为是。《传》曰：「臣闻爱子教以义方⑦。」忠、孝、恭、俭，义方之谓。昔汉窦太后⑧及景帝并不识义方之理，遂骄恣梁孝王⑨，封四十余城，苑方三百里，大营宫室，复道弥望⑩，积财镪⑪巨万⑫计，出警入跸⑬，小不得意，发病而死。宣帝亦骄恣淮阳王⑭，几至于败，赖其辅以退让之臣，仅乃获免。且魏王既新出阁⑮，

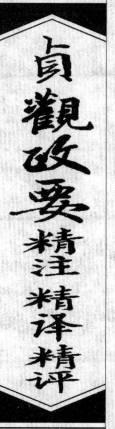

伏愿恒存礼训，妙择师傅⑯，示其成败。既敦⑰之以节俭，又劝之以文学⑱。惟忠惟孝，因而奖之道德齐礼⑲，乃为良器⑳。此所谓圣人之教，不肃而成者也。』太宗深纳其言。

注释

①尊嫡卑庶：尊崇嫡子，轻视庶子。嫡子：正妻所生的儿子，多指嫡长子。庶子：指嫡子以外的其他儿子，也特指妾所生之子。②霄极：天空的最高处，代指君王。③泉货：钱币，货币。④为例：作为同类、同列。例：类，列。⑤正体：指承宗的嫡长子。⑥翻：反而，却。⑦臣闻爱子教以义方：出自《左传·隐公三年》，是卫国大夫石碏劝谏卫庄公的话。义方：行事应该遵守的规范和道理。⑧窦太后：名漪，清河郡（今河北清河）人，汉文帝的皇后，汉景帝的母亲。⑨梁孝王：名刘武，汉文帝和窦皇后的小儿子，汉景帝的弟弟，先被封为代王，后改封淮阳王，公元前168年又改封梁王。⑩复道弥望：楼阁间的复道到处可见。复道：楼阁间架空的通道，也称阁道。弥望：充满视野，满眼。⑪财镪：钱财。镪：穿钱的绳子，引申为成串的铜钱或银子、银锭。⑫巨万：万万，极言数目之多。⑬出警入跸：指帝王出入时警戒清道，禁止行人。晋代崔豹的《古今注·舆服》中说：『警跸，所以戒行徒也。周礼跸而不警，秦制出警入跸，谓出军者皆警戒，入国者跸止也。故云出警入跸也。』跸：帝王出行时清理道路，禁止行人通行。⑭淮阳王：指汉宣帝的二儿子刘钦，深受汉宣帝宠爱，一度打算立他为太子，因大臣反对而作罢。他的哥哥汉元帝刘奭在位时，曾非议朝政，犯上作乱。⑮出阁：皇子离开京城到封国去。⑯师傅：太师、太傅或少师、少傅的合称。⑰敦：劝导并勉励。⑱文学：此处泛指文章经籍。⑲道德齐礼：指用道德来引导人民，用礼义来治理人民。出自《论语·为政》：『子曰：道之以政，齐之以刑，民免而无耻。道之以德，齐之以礼，有耻且格。』道：同『导』。⑳良器：即大器，比喻杰出的人才。

译文

贞观十三年（639年），谏议大夫褚遂良因为每天特别供给魏王李泰府上的物资超过了皇太子，上疏劝谏说：『当初圣人制定礼制，使嫡子地位高庶子地位低。称太子为储君，德行道义仅次于君王，地位非常尊贵，使用物品不必计较，钱币财物，与君王共同享有。庶子出身卑微，不能与嫡子同等对待，是为了杜绝猜疑的发生，清除祸乱的根源。而前代的圣王一定根据人之常情，然后制定规则，知道只要国家存在，就一定有嫡庶之分。然而虽然疼爱庶子，不能超过嫡子，承宗的嫡长子特别需要尊重，如果不能明确地确立一定的名分，于是使得应当亲近的人疏远，应当尊贵的人卑贱，那么奸佞巧诈的人就会趁机活跃，用私爱损害公利，迷惑心志扰乱国家。我认为，陛下的功绩超越万世，德行道义超出百代君主，发号施令，为天下制定准则。一日处理上万件事务，有的可能没有达到尽善尽美，我的职责是进行直言规谏，不允许保持沉默。我发现给储君的物资，反而少于魏王，朝野上下看到或听说这种状况的，都不认为这样做正确。《左传》中说：「我听说爱护自己的孩子要教给他做人的规范。」忠、孝、恭、俭，就是做人的规范。当初汉代的窦太后和汉景帝都不明白用做人的规范进行教育的道理，于是娇惯放纵梁孝王，封给他四十多座城池，园林方圆三百里，大规模地营建宫殿房屋，楼阁间的复道到处可见，积累的钱财多到难以计数，出入时像皇帝一样警戒清道，禁止行人，稍微有些不如意，便得病死了。汉宣帝也娇惯放纵淮阳王刘钦，几乎导致国家败亡，幸亏有知道退让的大臣辅佐，才得以免除灾难。况且魏王不久前刚刚离开京城到封国去，希望能够常常对他进行礼义训导，精心地挑选师傅教导和辅佐，教给他成败的道理。既用节俭的德行勉励他，又用文章经籍来劝导他。使他具有忠和孝的美德，接着鼓励他用道德引导人民、用礼义治理人民，他才能够成大器。这就是所谓圣人的教化，不必严厉就能成功的道理。』唐太宗完全采纳了他的意见。

评点 我们常说中国古代实行的是宗法等级制度，从礼制对皇帝不同的儿子的身份和地位的规定就可以看到这种等级区分是多么严格。

贞观十六年，太宗谓侍臣曰：『当今国家何事最急？各为我言之。』尚书右仆射高士廉曰：『养百姓最急。』黄门侍郎刘洎曰：『抚四夷急。』中书侍郎岑文本曰：『《传》称：「道之以德，齐之以礼。」由斯而言，礼义为急。』谏议大夫褚遂良曰：『即日①四方仰德，不敢为非，但太子、诸王，须有定分，陛下宜为万代法以遗子孙，此最当今日之急。』太宗曰：『此言是也。朕年将五十，已觉衰怠。既以长子守器②东宫，诸弟及庶子数将四十，心常忧虑在此耳。但自古嫡庶无良佐，何尝不倾败家国。公等为朕搜访贤德，以辅储宫③，爰及④诸王，咸求正士。且官人事王，不宜岁久。岁久则分义⑤情深，非意窥窬⑥，多由此作，其王府官寮，勿令过四考⑦。』

注释 ①即日：今日，当前。②守器：古代太子主宗庙之器，因借指太子。③储宫：太子所居的宫室，借指太子。④爰及：至于。⑤分义：情意，情分。⑥窥窬：即觊觎。⑦考：这里指官吏考核周期。唐朝制度规定，每年都要对官吏进行认真的考核，称为『小考』；每隔大约三年还要进行一次全面的『大考』，以决定升降赏罚。

译文 贞观十六年（642年），唐太宗对身边侍从的大臣说：『当前国家什么事情最紧迫？分别对我说一说。』尚书右仆射高士廉说：『养护老百姓最紧迫。』黄门侍郎刘洎说：『安抚四方的民族最紧迫。』中书侍郎岑文本说：『《论语》中说：「用道德来引导人民，用礼义来治理人民。」由此而言，推行礼义最紧迫。』谏议大夫褚遂良说：『当前四方都仰慕陛下的圣德，不敢为非作歹，但是太子和诸位亲王，应当有确定的名分，陛下应当制定出世世代代遵守的准则以留给子孙，这是当前最为紧迫的事情。』唐太宗说：『这话说得对啊。我的年龄接近五十了，已经感觉衰弱疲乏。我已经立长子为守护宗庙的太子，他的弟弟以及庶子接近四十个，我心里时常感到忧虑的也是这件事。但是自古以来嫡子和庶子如果没有好的辅佐，何尝不使国家倾覆败亡。你们要为我寻访具有才能和美德的人才，以辅佐太子，至于诸位亲王，都要找正直的人辅佐。并且官吏侍奉诸王，不应当时间过长。时间过长就会情意深厚，恶意和非分的企图，大多由此而生，王府中的官僚，不要让他们超过四个考核周期。』

评点 养百姓、抚四夷、推行礼义，任何时代都是国家急切需要做的事情，然而褚遂良提出为皇帝的几个儿子确定名分对于国家来说最急迫。究其原因，从大的方面来说，是由中国古代家天下的制度决定的；从小的方面来说，则是由于此时唐太宗几个儿子之间的矛盾已经显露，成为威胁皇室稳定的重要隐患。

尊敬师傅第十

贞观三年，太子少师李纲有脚疾，不堪践履①。太宗赐步舆②，令三卫③举入东宫，诏皇太子引上殿，亲拜之，大见崇重。纲为太子陈君臣父子之道，问寝视膳④之方，理顺辞直，听者忘倦。太子尝商略古来君臣名教，竭忠尽节之事，纲懔然曰：『托六尺之孤，寄百里之命⑤，古人以为难，纲以为易。』每吐论发言，皆辞色慷慨，有不可夺之志，太子未尝不耸然礼敬。

注释 ①跣履：即行走。②步舆：古代一种由人抬的代步工具。③三卫：即禁卫军。唐代禁卫军有亲卫、勋卫、翊卫，合称『三卫』。④问寝视膳：古代臣下侍奉君主或子女侍奉双亲起居和进餐的礼节。⑤托六尺之孤，寄百里之命：出自《论语·泰伯》：『曾子曰：「可以托六尺之孤，可以寄百里之命，临大节而不可夺也，君子人与？君子人也。」』六尺之孤：指未成年的孤儿。百里之命：指国君的政令。百里：指诸侯国。

译文 贞观三年（629年），太子少师李纲的脚生了病，无法走路。唐太宗赐给他一乘步舆，命禁卫军抬到太子宫，并下令皇太子接到殿上，亲自拜见，显得非常尊重。李纲为太子讲了君臣父子之间相处的准则，侍奉尊长起居和饮食的礼节，道理正确言辞恳切，听讲的人忘记了疲倦。太子曾经与他探讨自古以来君臣父子之间的伦理规范，竭尽忠心恪尽臣节的事例，李纲凛然正色说：『受托照顾未成年的孤儿，履行国君授予的政令，古人认为很困难，我认为很容易。』每次阐发议论陈述意见，言辞态度都激昂慷慨，有不可被折服的志向，太子听他讲课未尝不肃然起敬。

评点 戈直评价李纲说：『李纲素来慷慨并且有节操，所以他说话议论言辞和神色都是凛然刚毅，这也是太子所应当礼遇和尊敬的。古人说一心可以事奉百君，说的就是李纲这样的人吧！』

贞观六年，诏曰：『朕比寻讨经史，明王圣帝曷尝无师傅哉？前所进令遂不睹三师①之位，意将未可，何以然？黄帝学大颠，颛顼学录图，尧学尹寿，舜学务成昭，禹学西王国，汤学威子伯，文王学子期，武王学虢叔。前代圣王，未遭此师，则功业不著乎天下，名誉不传乎载籍。况朕接百王之末，智不同圣人，其无师傅，安可以临兆民者哉？《诗》不云乎：「不愆不忘，率由旧章②。」夫不学，则不明古道，而能政致太平者，未之有也。可即著令，置三师之位。』

注释 ①三师：北魏以后以太师、太傅、太保为『三师』。②不愆不忘，率由旧章：出自《诗经·大雅·嘉乐》。愆：罪过，过失。忘：玩忽，懈怠。率由：遵循，沿用。旧章：昔日的典章制度。

译文 贞观六年（632年），唐太宗下诏说：『我近来浏览经书史籍发现，圣明的帝王何尝没有师傅教诲呢？先前所发布的命令没有发现其中有三师的位置，心里觉得不可以，为什么这样说呢？黄帝学于大颠，颛顼学于录图，唐尧学于尹寿，虞舜学于务成昭，夏禹学于西王国，商汤学于威子伯，周文王学于子期，周武王学于虢叔。前代的圣王，如果没有遇到这些老师，那么功劳业绩就不会彰显于天下，名声赞誉就不会记载在典籍。况且我承继于百代君王之后，智慧比不上圣人，如果没有师傅教诲辅佐，怎么能够治理百姓呢？《诗经》中不是说吗：「不犯过错不懈怠，遵循前代旧规矩。」如果不学习，就不明白古代的规则，这样能够达到天下太平的，从来没有过。应当马上下令，设置三师之位。』

评点 天、地、君、亲、师，在古人心目中都是极为尊贵的。而师之所以受尊崇，就是因为他们被看做知识、真理的化身。

贞观八年，太宗谓侍臣曰：『上智之人，自无所染，但中智之人无恒，从教而变。况太子师保，古难其选。成王幼小，周、召为保傅，左右皆贤，日闻雅训，足以长仁益德，使为圣君。秦之胡亥，用赵高作傅，教以刑法，及其嗣位，诛功臣，杀亲族，酷暴不已，旋踵而亡。故知人之善恶，诚由近习。朕今为太子、诸王精选师傅，令其式瞻礼度①，有所裨益。公等可访正直忠信者，各举三两人。』

注释 ①式瞻礼度：仰慕效法礼仪法度。式瞻：敬仰，仰慕。式：效法。瞻：向高处看，引申为仰慕。

译文 贞观八年（634年），唐太宗对侍从的大臣说：『上等智慧的人，自然不会被外物熏染，但是中等智慧的人不会保持永恒，接受教育就会改变。况且太子的老师，自古以来就难以挑选。周成王年幼的时候，周公、召公为他的老师，身边都是贤人，每天听到的都是雅正的教训，足以增长仁心促进德性，使他成为圣君。秦朝的胡亥，任用赵高作师傅，教他严刑峻法，等他即位之后，杀功臣，杀亲人，残酷暴虐的事情没有休止，不久之后就灭亡了。因此可知人的善恶，的确都是被周围的事物长久熏染的结果。我如今为太子和亲王精心挑选师傅，让他们仰慕效法礼仪法度，以对他们有所补益。你们可以寻访正直忠信的人，每人推举两三人。』

评点 与人交往，其品质和行为总会受到他人的熏陶和影响，从这个意义上说，选择良师益友是非常必要的。

贞观十一年，以礼部尚书王珪兼为魏王师。太宗谓尚书左仆射房玄龄

曰：『古来帝子，生于深宫，及其成人，无不骄逸，是以倾覆相踵①，少能自济②。我今严教子弟，欲皆得安全。王珪，我久驱使，甚知刚直，志存忠孝，选为子师。卿宜语泰，每对王珪，如见我面，宜加尊敬，不得懈怠。』珪亦以师道自处，时议善之也。

注释 ①相踵：脚踵相接，即相继、一个接一个。②自济：即自保。

译文 贞观十一年（637年），任命礼部尚书王珪兼任魏王的老师。唐太宗对尚书左仆射房玄龄说：『古来帝王的孩子，生长在深宫之中，等到他们长大成人之后，无不是骄奢淫逸，所以一个接一个地灭亡了，很少有能够自保的。我如今严格教育子弟，想要他们都能够平安。王珪，我已经使用他很久了，深知他为人刚毅正直，具有忠孝之心，所以选他做儿子的老师。你应当告诉李泰，每当见到王珪的时候，要像见到我一样，应当加倍尊敬，不要有所懈怠。』王珪也以老师的准则约束自己的行为，当时的评论都称赞他。

评点 古人认为，选择老师应当是一件非常谨慎的事情。必须『求贤师而事之，择良友而友之』。这是因为，『得贤师而事之，则所闻者尧舜禹汤之道也；得良友而友之，则所见者忠信敬让之行也。身日进于仁义而不自知也者，靡使然也。』（《荀子·性恶》）

贞观十七年，太宗谓司徒长孙无忌、司空房玄龄曰：『三师以德道人者也。若师体卑，太子无所取则。』于是诏令撰太子三师仪注①：太子出

殿门迎，先拜三师，三师答拜，每门让三师。三师坐，太子乃坐。与三师书，前名『惶恐』，后名『惶恐』、『再拜』。

注释 ①仪注：制度，仪节。

译文 贞观十七年（643年），唐太宗对司徒长孙无忌、司空房玄龄说：『三师就是用道德来引导别人的人。如果老师身份低微，太子就无法向他学习东西。』于是下令编撰太子迎接三师的礼仪制度：太子要走出殿门迎接，先拜见三师，三师回礼，每当进门时要请三师先走。三师坐好之后，太子才能坐。给三师书信，前面要写上『惶恐』，后面要写上『惶恐』、『再拜』。

评点 在中国古代，礼仪是强化道德观念的重要手段。唐太宗之所以为太子见老师制定详细的礼节，就是为了使他们在内心树立并强化尊重师傅、尊重师傅所传授的道理的意识。

贞观十八年，高宗初立为皇太子，尚未尊贤重道，太宗又尝令太子居寝殿之侧，绝不往东宫。散骑常侍刘洎上书曰：

臣闻郊迎①四方，孟侯②所以成德；齿学三让③，元良④由是作贞。斯皆屈主祀之尊，申下交之义。故得刍言咸荐⑤，睿问⑥旁通，不出轩庭⑦，坐知天壤⑧。率由兹道，永固鸿基⑨者焉。至若生乎深宫之中，长乎妇人之手，未曾识忧惧，无由晓风雅⑩。虽复神机⑪不测，天纵生知⑫，而开物成务⑬，终由外奖⑭。匪⑮夫崇彼干籥⑯，听兹谣颂⑰，何以辨章庶类⑱，甄核彝伦⑲？历考圣贤，咸资琢玉⑳。是故周储上哲㉑，师望、奭而加裕；汉嗣㉒深仁，引园、绮而昭德。原㉓夫太子，宗祧㉔是系，善恶之际，兴亡斯在，不勤于始，将悔于终。是以晁错上书，令通政术，贾谊献策，务知礼教。窃惟皇太子玉裕挺生㉕，金声夙振㉖，明允笃诚㉗之美，孝友仁义之方，皆挺自天姿，非劳审谕㉘，固以华夷仰德，翔泳希风㉙矣。然则寝门㉚视膳，已表于三朝㉛，艺宫㉜论道，宜弘于四术㉝。虽富于春秋㉞，饬躬有渐㉟，实恐岁月易往，堕业兴讥，取适晏安㊱，言从此始。臣以愚短，幸参侍从，思广储明㊲，暂愿闻彻㊳。不敢曲陈㊴故事，切请以圣德言之。

伏惟陛下诞睿膺图，登庸历试㊵，多才多艺，道著于匡时；允文允武㊶，功成于纂祀㊷。万方即叙，九围㊸清晏。尚且虽休勿休，日慎一日，求异闻㊹于振古㊺，劳睿思于当年。乙夜观书，事高汉帝；马上披卷，勤过魏王。陛下自励如此，而令太子优游弃日，不习图书，臣所未谕㊻一也。加以暂屏机务，即寓雕虫㊼。纡宝思于天文㊽，则长河韬映㊾；摛玉华于仙札㊿，则流霞(51)成彩。固以锱铢万代(52)，冠冕(53)百王，屈、宋不足以升堂(54)，钟、张何阶于入室(55)。陛下自好如此，而太子悠然静处，不寻篇翰(56)，臣所未谕二也。陛下备该众妙[57]，独秀寰中[58]，犹晦天聪[59]，俯询凡识。听朝之隙，引见群官，降以温颜，访以今古，故得朝廷是非，闾里好恶，凡有巨细，必关闻听。陛下自行如此，而令太子久趋入侍，不接正人，臣所未谕三也。陛下若谓无益，则何事劳神；若谓有成，则宜申贻厥。蔑而不急，未见其可。伏愿俯推睿范，训及储君，授以良书，娱之嘉客。朝披经史，观成败于前踪；晚接宾游，访得失于当代。间以书札，继以篇章，则日闻所未闻，日见所未见。副德[60]愈光，群生之福也。

窃以良娣[61]之选，遍于中国。仰惟圣旨，本求典内，冀防微，慎远虑，臣下所知。暨乎征简人物，则与聘纳[62]相违，监抚[63]二周，未近一士。愚谓内既如彼，外亦宜然者，恐招物议，谓陛下重内而轻外也。古之太子，问安而退，所以广敬于君父；异宫而处，所以分别于嫌疑。今太子一侍天闱，动移旬朔[64]，师傅已下，无由接见。假令供奉有隙，暂还东朝，拜谒既疏，且事俯仰[65]，规谏之道，固所未暇。陛下不可以亲教，宫寀[66]无因以进言，虽有具寮[67]，竟将何补？

伏愿俯循前躅[68]，稍抑下流[69]，弘远大之规，展师友之义，则离徽[70]克茂，帝图[71]斯广，凡在黎元，孰不庆赖！太子温良恭俭，聪明睿哲，含灵[72]所悉，

臣岂不知？而浅识勤勤[73]，思效愚忠者，愿沧溟[74]益润，日月增华也。

太宗乃令洎与岑文本、马周递日[75]往东宫，与皇太子谈论。

注释

①郊迎：古代禮儀制度，出郊迎接賓客，以示尊重。②孟侯：諸侯之長，這裏指太子。③齒學三讓：出自《禮記·文王世子》：『行一物而三善皆得者，唯世子而已，其齒于學之謂也。物猶事也。故世子齒于學，國人觀之，曰：「將君我而與我齒讓，何也？」曰：「有父在則禮然。」然而衆知父子之道矣。其二曰：「將君我，而與我齒讓，何也？」曰：「有君在則禮然。」然而衆知君臣之義也。其三曰：「將君我，而與我齒讓，何也？」曰：「長長也。」然而衆知長幼之節矣。』『齒學三讓』指太子入學，不敢在別人之前，與公卿之子都按年齡大小，相互禮讓，以示長幼有序。④元良：代指太子。出自《禮記·文王世子》：『一有元良，萬國以貞，世子之謂也。』貞：端方正直。⑤芻言咸薦：百姓的言論都能够被奏聞上來。芻言：卑賤者的言論。⑥睿問：同『睿聞』。⑦軒庭：居室的庭院，這裏指宮廷。⑧天壤：這裏指天下。⑨鴻基：偉大的基業，代指王業。⑩風雅：這裏指教化規範。⑪神機：神异的稟賦。⑫生知：即生而知之，不用學習就知道。⑬開物成務：指通曉萬物的道理并按這道理行事而得到成功。⑭外獎：他人的輔助。⑮匪：假借爲『非』，表示否定。⑯幹籥：高雅的、有助于教化的樂舞。幹：舞者所執之楯；籥：樂管，竹制，三孔，長三尺，以和衆聲。⑰謡頌：歌謡詩頌。謡：古代指不用樂器伴奏的歌唱。頌：古代祭祀時用的舞曲，《詩經》收録有配曲的歌詞分『周頌』、『魯頌』和『商頌』三類。⑱辨章庶類：清楚地辨明萬物。辨章：使昭明彰顯，又作『辨彰』。庶類：萬物。⑲甄核彝倫：考察事物的道理。甄核：甄別考察。彝倫：事物的常理、常道。⑳琢玉：出自《禮記·學記》『玉不琢不成器。』培育，雕琢。㉑周儲：周朝的太子，這裏指周成王。上：同『尚』，崇尚。㉒漢嗣：漢朝的太子，

這裏指漢惠帝劉盈。漢高祖寵愛戚夫人，想要廢太子劉盈，立戚夫人之子如意。太子請教于張良，張良告訴他：『天下有四人。四人者年老矣，皆以爲上慢侮人，故逃匿山中，義不爲漢臣。然上高此四人。今公誠能無愛金玉璧帛，令太子爲書，卑辭安車，因使辯士固請，宜來。來，以爲客，時時從入朝，令上見之，則必异而問之。問之，上知此四人賢，則一助也。』（《史記·留侯列傳》）四人前來輔助太子，一次漢高祖設宴，『及晏，置酒，太子侍。四人者從太子，年皆八十有餘，須眉皓白，衣冠甚偉。上怪，問曰：「何爲者？」四人前對，各言其姓名。上乃驚曰：「吾求公，避逃我，今公何自從吾兒游乎？」四人曰：「陛下輕士善罵，臣等義不辱，故恐而亡匿。今聞太子仁孝，恭敬愛士，天下莫不延頸願爲太子死者，故臣等來。」上曰：「煩公幸卒調護太子。」四人爲壽已畢，趨去。上目送之，召戚夫人指視曰：「我欲易之，彼四人爲之輔，羽翼已成，難動矣。」』（《漢書·張良傳》）幫助劉盈的四位老人相傳名爲東園公、綺裏季、夏黃公、甪裏先生，時稱『商山四皓』。深仁：指深深地信服仁義。㉓原：推究。㉔宗祧：即宗廟，代指國家。祧：音tiāo，遠祖、始祖之廟。㉕玉裕挺生：姿容天生出衆。玉裕：美玉般的姿容，常用以形容皇太子。挺生：挺拔生長，亦謂杰出。㉖金聲夙振：美好的聲譽早就傳播。金聲：比喻美好的聲譽。夙：早。振：發出，生長。㉗明允：明察而誠信。篤誠：忠厚誠實。㉘審諭：又作『審喻』，一般特指太子的師傅對太子的明白開導。出自《禮記·文王世子》：『大傅審父子君臣之道以示之；少傅奉世子，以觀大傅之德行而審喻之。』㉙翔泳希風：飛鳥和游魚都仰慕其德操。㉚寢門：內室之門。古禮天子五門，諸侯三門，大夫二門，最內之門稱寢門。㉛三朝：外朝、內朝、燕朝，代指朝廷，宮廷。鄭玄注《周禮·秋官·朝士》『朝士掌建邦外朝之法』說：『周天子諸侯，皆有三朝。外朝一，內朝二。內朝之在路門內者或謂之燕朝。』宋代葉夢得《石林燕語》卷二中也解釋說：『古者天子三朝：外朝、內朝、燕朝。外朝在王宮庫門外，

有非常之事以詢萬民于宮中。內朝在路門外，燕朝在路門內，蓋內朝以見羣臣，或謂之路朝，燕朝以聽政，猶今之奏事，或謂之燕寢。』㉜藝宮：宮中太子學習學問技藝的地方。㉝四術：詩、書、禮、樂四種經術。㉞富于春秋：年輕，年少。李賢注《後漢書·樂恢傳》『陛下富于春秋，纂承大業』說：『春秋謂年也。言年少，春秋尚多，故稱富。』㉟飭躬有漸：指自我修養有所成就。飭躬：修養自身。漸：熏陶，浸染。㊱晏安：安樂，安定。㊲儲明：即太子。㊳聞徹：聞名四方。㊴曲陳：詳述。㊵登庸：登上帝位。歷試：歷經多次考驗。㊶允文允武：既有文事又有武功。㊷纂祀：指繼承祖先的德行和事業。㊸九圍：即九州。孔穎達疏《詩經·商頌·長發》『帝命式于九圍』說：『謂九州爲九圍者，蓋以九分天下，各爲九處，規圍然，故謂之九圍也。』㊹异聞：不同的見聞，新的知識。㊺振古：遠古，往昔。㊻未諭：不理解，不明白。㊼雕蟲：不足道的小技藝，常比喻寫作詩文辭賦。㊽紆：縈繞，盤結。寶思：贊美之詞，多用以稱贊人的襟懷、謀劃、文思等。㊾長河：天河，銀河。韜映：掩藏光芒。㊿摛：鋪陳，文章中詳細地叙述。玉華：最精美的玉，常用以比喻才德。(51)流霞：浮動的彩雲。(52)錙銖萬代：使萬代的文章都顯得像錙銖一般微不足道。(53)冠冕：蓋過，居于首位。(54)屈、宋：指戰國的辭賦家屈原、宋玉。升堂：登上廳堂，比喻學問、技藝等已入門。(55)鐘、張：指東漢時的書法家鐘繇、張芝。入室：進入室內，比喻學問、技能已達到深奥的境界。『升堂』、『入室』均出自《論語·先進》：『由也升堂矣，未入于室也。』邢昺疏曰：『言子路之學識深淺，譬如自外入內，得其門者。入室爲深，顔淵是也；升堂次之，子路是也。』(56)篇翰：篇章，詩文。(57)備該：盡備，完全具備。衆妙：這裏指一切美好的稟賦。(58)寰中：宇內，天下。(59)晦：隱藏，掩蔽。天聰：對天子聽聞的美稱。(60)副德：這裏指太子的德行。(61)良娣：太子姬妾的稱號，地位低于妃。也泛指太子嬪妃。(62)聘納：古代婚姻之事有六禮：納采、問名、納吉、納徵、請期、親迎。聘指問名，納指納徵，

亦稱納幣。這裏以『聘納』代指以禮娶親。⑥③監撫：指監國、撫軍，古代爲太子的職責。⑥④旬朔：十日爲旬，月初爲朔。⑥⑤俯仰：比喻時間短暫。⑥⑥宫采：太子的屬官。宫指東宫，即太子。采，音cǎi，僚屬。⑥⑦具寮：又作『具僚』，官員，百官。⑥⑧前躅：前人的遺風。⑥⑨下流：向下流淌，比喻君主的仁德向下流布。⑦⓪離徽：相傳上古時，太昊用桐木制琴，以二十七根繩絲爲弦，命名爲『離徽』，用琴聲來祝告神明，溝通天人。這裏比喻禮樂教化。⑦①帝圖：帝王治國的謀略，引申爲帝業。⑦②含靈：具有靈性的，特指人類。⑦③勤勤：懇切至誠。⑦④滄溟：大海。⑦⑤遞日：依照次序一天接一天。

译文

贞观十八年（644年），唐高宗刚刚被册封为皇太子，还没有能够尊敬贤才重视道义，唐太宗又曾经命令太子居住在自己寝殿的旁边，禁止他去太子宫。散骑常侍刘洎上书说：

我听说出郊迎接宾客，太子因而养成德性；入学相互礼让，太子由此变得端正。这都是放下主持祭祀者的尊贵架子，以申明与地位低的人交往的态度。所以能够百姓的言论都被奏闻，敏锐地察觉四方的声音，不用走出宫廷，坐在那里就可以了解天下的事情。遵循这一准则，就能够使帝王的基业永远牢固。如果出生在深宫之中，成长于妇人之手，没有机会接触忧患恐惧，没有途径了解教化规范。即使再禀赋神异到无法测度，上天赐给他不学而知的智识，但要想通晓并遵循万物的道理做成事情，终究需要他人的辅助。如果不尊崇高雅的乐舞，听取歌谣诗颂，怎么能够清楚地分辨万物，审察事物中的一般道理？仔细地考察一下历代的圣贤，都借助老师的雕琢。所以周朝的太子崇尚贤哲，以太公望、召公奭为师而德行更加深厚；汉朝的太子信服仁义，招纳来东园公、绮里季而使美德彰显。仔细想想太子的身份，关系着宗庙的前途，善恶之间，决定着国家的兴亡，开始的时候不下功夫培养，最终将会后悔。所以晁错上奏章，要求太子精通治国之术，贾谊出主意，要提议太子务必懂得礼义教化。我以为，皇太子天生姿容杰出，美誉早就传扬，明察信实、忠厚诚实的美德，孝敬友爱、仁慈道义的品行，都是出自天生的资质，不需要刻意地明确教导，已经足以使天下万民不分华夏和夷狄都敬仰他的德行，世间万物即使飞鸟和游鱼都仰慕他的风操了。既然如此，那么到内宫侍奉进膳之类的礼节，已经在宫廷日常事务中表现出来了，在艺宫中学习学问，应当诗、书、礼、乐等知识方面有所加强。太子虽然年纪尚轻，自身修养有所成就，但是的确恐怕岁月易逝，荒废学业招来讥讽，寻求适意追求安乐，各种议论就会从这里产生。我以愚钝无能的材质，有幸居于侍从大臣的行列，想让太子增长才德，希望他以此赢得四方的赞誉。不敢详述以前的各种事例，恳请用陛下您的德行来进行说明。

我以为，陛下天生睿智，承受天命取得天下，登上帝位历经多次考验。才华和能力兼具，德行在挽救时局过程中得以彰显；文事与武功兼备，事业在继承祖先基础上取得成功。四方归顺，九州安定。而您仍然听到别人的赞美也不感到沾沾自喜，一天比一天谨慎，向远古寻求卓异的知识，为当今的事务费尽心思。深夜里阅读书籍，做事比汉高祖高明；战马上打开书卷，勤奋超过了魏武帝。陛下如此严格要求自己，却让皇太子悠闲怠惰荒废时日，不在书籍中学习知识，这是我所不理解的第一件事情。另外，陛下您暂时放下要处理的政事，就把心思转移到文章写作上。您把文思萦回于天文，那么灿烂的银河也会掩藏了光辉；把才德铺陈于文札，那么流动的云霞也会幻化出光彩。实在是使得万代的文章都显得微不足道，超过了历代的任何君主，屈原、宋玉的辞赋同您比起来不足以称为入门，钟繇、张芝的书法同您比起来没办法称作高深。陛下您如此自我珍惜，而皇太子却悠闲独处，不从事诗文翰墨，这是我所不理解的第二件事情。陛下您完全具备一切美好的禀赋，在天下一枝独秀，尚且掩藏自己卓越的听闻，向下面的人征询凡俗的见识。在朝堂上听政的间隙，召见众官员，示以温和的态度，询问古往今来的事理，所以能够了解朝廷上的是非，民间的善恶，事情不分大小，一定亲自过问听取。陛下您自己的行为如此，却让太子长久地到您宫中侍奉，不与端正贤德的人交往，这是我所不理解的第三件事情。陛下如果觉得您做的这些事情没有益处，那么为什么在这上面劳神费力；如果觉得您做的这些有成就，那么就应当加以申明留给子孙。蔑视的事情而不急于处理，我没有看出这是正确的做法。希望能够向下推广您圣明的风范，教给将要继承君位的太子，把好的典籍传给他，让他和好的宾客交往。早上披阅典籍，从前人的足迹中了解成败的道理；晚上交接宾客，向当代的贤人求教做事的得失。其间写写书信，接着做做文章，那么就能够天天听见以前所没有听到过的道理，天天可以看到以前所没有看到的事情。太子的德行越来越光大，这是天下百姓的福气啊。

我以为，为太子挑选嫔妃，范围遍及全国。思考一下圣上的心意，原本是为了选择合适的人选管理内宫，希望能够防止坏事萌发，重视长远打算，这是我所知道的。至于选拔人才，却与选拔嫔妃不一样了，太子履行职责两年，没有接近一个贤士。我认为选择嫔妃之事既然如此，选拔人才也应当这样，以免招来他人非议，说陛下重视内闱轻视国事。古代的太子，问安之后就离开了，所以对父王非常尊重；在另外的宫殿居住，所以能够避免产生疑忌。如今太子一到天子的宫闱侍奉，动不动就超过十天甚至成月，师傅以下的众人，都没有办法交流和见面。即使侍奉的间隙有闲暇，暂时回到东宫，拜访谒见已经稀少，况且时间又很短暂，规谏之类的事情，自然也就没有时间了。陛下不可能亲自教导他，太子的属官没有机会进言，即使有百官，又究竟将有什么补益呢？

我希望陛下能够遵循前人的遗风，稍微抑制恩德流布，增进远大的规划，扩展师友的作用，那么就能够使礼乐教化更加广泛，帝王之业更加光大，天下的百姓，谁不庆幸得到依靠呢！太子具有温良恭俭的德行，聪明睿智的才智，这是人人皆知的，我怎么能不知道呢？而我之所以恳切地陈述粗浅的见识，希望以愚憨的忠心效劳，是希望沧海更加丰润，日月增加光辉啊。

唐太宗于是命刘洎与岑文本、马周依次每日各有一人去太子宫，同太子交流探讨。

评点 太子称为『皇储』，是未来的国君，关系着天下人的命运，因此古人认为，帝王如何对待太子，并不能仅仅出于私情，而必须从长远考虑。因此刘洎的这道奏疏，后人都给予较高的评价。如唐仲友说：『刘洎这道奏疏，足以表现出他是一位刚直果敢之士。』戈直也评价说：『刘洎这道奏疏，条理清楚陈述详备，的确是教导世子之至善之论啊。』

教戒太子诸王第十一

贞观七年，太宗谓太子左庶子于志宁、杜正伦曰：『卿等辅导太子，常须为说百姓间利害事。朕年十八，犹在民间，百姓艰难，无不谙练①。及居帝位，每商量处置，或时有乖疏，得人谏诤，方始觉悟。若无忠谏者为说，何由行得好事？况太子生长深宫，百姓艰难，都不闻见乎！且人主安危所系，不可辄为骄纵。但出敕云，有谏者即斩，必知天下士庶无敢更发直言。故克己励精，容纳谏诤，卿等常须以此意共其谈说。每见有不是事，宜极言切谏，令有所裨益也。』

注释 ① 谙练：熟习，通晓。

译文 贞观七年（633年），唐太宗对太子左庶子于志宁、杜正伦说：『你们帮助、指导太子，应当经常向他介绍一些百姓之中觉得有利或有害的事情。我十八岁的时候，还生活在民间，百姓们生活的艰难，无不知晓。到当上皇帝之后，每当商量处理事务，有时或许出现差错疏漏，得到别人的直言劝谏，才开始有所觉悟。如果没有忠心直谏的人指出来，怎么能够做出好的事情来呢？况且太子一直生长在深宫之中，百姓们生活的艰难，不是都听不到看不见吗！并且君主关系到国家的安危，不能够动不动就娇惯放纵。只要出一道敕令说，有进谏的人就杀掉，一定可以推知天下的士民百姓没有敢再说直言的。所以克制自己励精图治，容纳别人的直言进谏，你们应当经常把这些意思同他谈论。每当看到有做得不对的事情，应当直言极谏，使他能够从中得到补益。」

评点 从唐太宗与太子的两位老师的对话中，可见对他们寄予的厚望，希望他们能够引导太子将来像自己一样励精图治、虚怀若谷。

贞观十八年，太宗谓侍臣曰：『古有胎教世子①，朕则不暇。但近自建立太子，遇物必有诲谕。见其临食将饭，谓曰：「汝知饭乎？」对曰：「不知。」曰：「凡稼穑艰难，皆出人力，不夺其时，常有此饭。」见其乘马，又谓曰：「汝知马乎？」对曰：「不知。」曰：「能代人劳苦者也，以时消息②，不尽其力，则可以常有马也。」见其乘舟，又谓曰：「汝知舟乎？」对曰：「不知。」曰：「舟所以比人君，水所以比黎庶，水能载舟，亦能覆舟。尔方为人主，可不畏惧！」见其休于曲木之下，又谓曰：「汝知此树乎？」对曰：「不知。」曰：「此木虽曲，得绳则正，为人君虽无道，受谏则圣。此傅说所言，可以自鉴。」』

注释 ①世子：古代天子、诸侯的嫡长子或儿子中继承帝位或王位的人。②消息：休息，休养。

译文 贞观十八年（644年），唐太宗对侍从的大臣们说：『古代有对世子进行胎教的做法，我却没有空闲做。但最近自从册立太子以来，遇到事物一定会有所教诲晓谕。看到他面对着食物将要吃饭时，就对他说：「你了解饭吗？」他回答说：「不了解。」我说：「凡是春耕秋收这些艰难的农活，都是由老百姓的力气来完成的，不侵占老百姓的农时，就能够经常有这些饭。」看到他骑马，我又问他：「你了解马吗？」他回答说：「不了解。」我说：「它能代替人做一些辛苦的工作，根据时间让它休息，不用尽它的力气，就能够经常有马以备骑乘和驱使。」看到他乘船，我又对他说：「你了解船吗？」他回答说：「不了解。」我说：「船可以用来比作君主，水可以用来比作百姓，水能够把船承载起来，也能够把船倾覆。你刚刚做人民的君主，能不对此谨慎畏惧吗！」看到他在弯曲的树木下休息，我又对他说：「你了解这棵树吗？」他回答说：「不了解。」我说：「这棵树虽然弯曲，用绳墨进行规范就可以成为方正的木材，作为君主虽然缺少治国的正确方法，接受劝谏就能够变得圣明。这是傅说的观点，你可以作为自己的戒鉴。」』

评点 从唐太宗对太子的训诫中，可见『民本』、『惠民』的意识在他的心目中是非常重要的。

贞观七年，太宗谓侍中魏征曰：『自古侯王能自保全者甚少，皆由生长富贵，好尚骄逸，多不解亲君子远小人故尔。朕所有子弟欲使见前言往行，冀其以为规范。』因命征录古来帝王子弟成败事，名为《自古诸侯王善恶录》，以赐诸王。其序曰：

观夫膺期受命，握图①御宇，咸建懿亲②，藩屏王室，布在方策，可得而言。自轩③分二十五子，舜举一十六族④，爰历周、汉，以逮陈、隋，分裂山河，大启磐石⑤者众矣。或保乂⑥王家，与时升降；或失其土宇，不祀忽诸⑦。然考其隆替，察其兴灭，功成名立，咸资始封之君，国丧身亡，多因继体之后。其故何哉？始封之君，时逢草昧，见王业之艰阻，知父兄之忧勤，是以在上不骄，夙夜匪懈，或设醴以求贤⑧，或吐飧而接士⑨。故甘忠言之逆耳，得百姓之欢心，树至德于生前，流遗爱⑩于身后。暨夫子孙继体，多属隆平，生自深宫之中，长居妇人之手，不以高危为忧惧，岂知稼穑之艰难？昵近小人，疏远君子，绸缪哲妇⑪，傲狠明德⑫，犯义悖礼，淫荒无度，不遵曲宪⑬，僭差越等。恃一顾之权宠⑭，便怀匹嫡之心；矜一事之微劳，遂有无厌之望。弃忠贞之正路，蹈奸宄⑮之迷途。愎谏违卜⑯，往而不返。虽梁孝、齐冏之勋庸⑰，淮南、东阿⑱之才俊，摧摩霄之逸翮⑲，成穷辙之涸鳞⑳，弃桓、文之大功，就梁、董之显戮㉑。垂为炯戒㉒，可不惜乎！皇帝以圣哲之资，拯倾危之运，耀七德以清六合㉓，总万国而朝百灵㉔，怀柔㉕四荒，亲睦九族㉖，念华萼于《棠棣》㉗，寄维城于宗子。心乎爱矣，靡日不思，爰命下臣，考览载籍，博求鉴镜，贻厥孙谋㉘。臣辄竭愚诚，稽诸前训。凡为藩为翰㉙，有国有家者，其兴也必由于积善，其亡也皆在于积恶。故知善不积不足以成名，恶不积不足以灭身。然则祸福无门㉚，吉凶由己，惟人所召，岂徒言哉！今录自古诸王行事得失，分其善恶，各为一篇，名曰《诸王善恶录》，欲使见善思齐，足以扬名不朽；闻恶能改，庶得免乎大过。从善则有誉，改过则无咎。兴亡是系，可不勉欤！

太宗览而称善，谓诸王曰：『此宜置于座右㉛，用为立身之本。』

注释

①握图：顺应天命而拥有天下。图指河图，被古人当作是祥瑞。②懿亲：至亲，常特指皇室宗亲。③轩：指黄帝，姓轩辕氏。传说黄帝二十五子，分别分封赐姓。④一十六族：即八元八凯。⑤磐石：厚而大的石头，古代比喻分封的宗室。例如《史记·孝文本纪》中有：『高帝封王子弟，地犬牙相制，此所谓磐石之宗也。』⑥保乂：治理并使之安定。⑦忽诸：忽然，一下子，常用以指忽然灭亡。⑧设醴以求贤：《汉书·楚元王刘交传》记载：『元王每置酒，常为穆生设醴。』醴：甜酒。后常以『设醴』比喻礼遇贤士。⑨吐飧而接士：《史记·鲁世家》记载：『周公戒伯禽曰：「我，文王之子，武王之弟，成王之叔父。我于天下亦不贱矣，然我一沐三握发，一饭三吐哺，起以待士。」』吐飧：即吐哺，吐出已经送进嘴里的食物，后常用以比喻殷勤待士。⑩遗爱：指留于后世而被人追怀的德行、恩惠、贡献等。⑪绸缪：情意深厚，缠绵难解，常用于男女之间。哲妇：多谋虑的妇人。《诗经·大雅·瞻卬》中有：『哲夫成城，哲

妇倾城。懿厥哲妇，为枭为鸱。』孔颖达疏曰：『若为智多谋虑之妇人，则倾败人之城国。妇言是用，国必灭亡。』后以『哲妇』指乱国的妇人。⑫傲狠明德：出自《左传·文公十八年》：『傲很明德，以乱天常。』『很』同『恨』。傲狠：倨傲狠戾。明德：美德，有美德的人。⑬曲宪：制度法令。⑭一顾：一看，比喻一时，很短的时间。权宠：权力和宠信。⑮奸宄：违法作乱，奸诈不法。⑯愎谏：坚持己见，不听规劝。违卜：不遵占卜所示，指违背天命。⑰梁孝：汉文帝的儿子刘武，汉景帝之弟，封梁王，谥号孝，平定七国之乱有功，曾依仗其母窦太后宠爱欲夺取景帝的帝位，未果。齐冏：西晋宗室司马冏，字景治，司马昭之孙，司马攸之子，袭封齐王。『八王之乱』中，废杀贾后，因功升为游击将军。赵王伦篡位后，又联络其他宗室共讨赵王伦，迎晋惠帝复位，拜大司马。执掌大权之后，骄奢淫逸，犯上作乱。后在与长沙王司马乂的混战中大败，被擒斩首。勋庸：功勋。⑱淮南：指汉代淮南王刘安，汉高祖刘邦之孙，为人礼贤下士，求贤若渴，曾组织门客撰写了《淮南子》，汉武帝时被控以『阴结宾客，拊循百姓，为叛逆事』的罪名，被迫自杀。东阿：即曹植，曹操的儿子，曹丕的弟弟，曾被封为东阿王。⑲摩霄：接近云天，冲天。逸翮：指强健善飞的鸟的翅膀。⑳穷辙之涸鳞：比喻处于困境中的人或物。出自《庄子·外物》：『庄周家贫，故往贷粟于监河侯。监河侯曰：「诺。我将得邑金，将贷子三百金，可乎？」庄周忿然作色曰：「周昨来，有中道而呼者。周顾视车辙中，有鲋鱼焉。周问之曰：『鲋鱼来！子何为者邪？』对曰：『我，东海之波臣也。君岂有斗升之水而活我哉？』周曰：『诺。我且南游吴越之王，激西江之水而迎子，可乎？』鲋鱼忿然作色曰：『吾失我常与，我无所处。吾得斗升之水然活耳，君乃言此，曾不如早索我于枯鱼之肆！』」』㉑梁：指东汉外戚的梁冀，专权擅政，张扬跋扈，贪暴淫逸，后被汉桓帝所杀。董：指东汉董卓，曾任相国，挟持汉献帝，劫掠百姓，后被大臣设计杀死。显戮：明正典刑，陈尸示众。泛指加罪处死。㉒炯戒：

明显的鉴戒或警戒。㉓七德：古代有文治七德和武功七德。文治七德指尊贵、明贤、庸勋、长老、爱亲、礼新、亲旧，出自《国语·周语中》。武功七德指禁暴、戢兵、保大、定功、安民、和众、丰财，出自《左传·宣公十二年》。六合：四方和上下的总称，代指天下，人世间。㉔百灵：各种神灵。㉕怀柔：『怀诸侯』、『柔远人』的合称，指笼络安抚外国或国内少数民族。㉖九族：以自己为本位，上推至四世之高祖，下推至四世之玄孙为九族。一说父族四、母族三、妻族二为九族。泛指宗族或血缘近亲。㉗华萼：又作『华鄂』，出自《诗经·小雅·常棣》：『常棣之华，鄂不韡韡。凡今之人，莫如兄弟。』后以『华鄂』比喻兄弟友爱。《常棣》：《诗经·小雅》篇名，是一首申述兄弟应该互相友爱的诗。『常棣』即『棠棣』。㉘贻厥孙谋：出自《诗经·大雅·文王有声》：『诒厥孙谋，以燕翼子。』郑玄笺曰：『孙，顺也。……传其所以顺天下之谋，以安其敬事之子孙。』『孙谋』指顺应天下人心的谋略。孙，通『逊』。一说『孙谋』是为子孙筹划的意思。如朱熹《诗经集传》中说：『谋及其孙，则子可以无事矣。』㉙翰：通『榦』，草木的茎干，引申为骨干，维护者。㉚无门：没有定数。㉛座右：座位右边，古人常把所珍视的书画等放置于此。

译文

贞观七年（633年），唐太宗对侍中魏征说：『自古以来王侯能够自我保全的人很少，都是因为生长在富贵之中，追求骄纵安逸，大多不理解亲近君子远离小人的原因罢了。我的所有子弟都想让他们知道前人的言论和行为，希望他们能将此作为约束自己的规范。』于是下令采集收录自古以来帝王子弟成败的故事，命名为《自古诸侯王善恶录》，以赐给各位亲王。它的序言中说：

看看古来那些顺应天时、承受天命，掌握河图、统治天下的人，都会分封亲族，作为王室的拱卫屏障，这些都记载在典籍之中，所以有依据进行谈论。自从黄帝分封了二十五个儿子，舜帝授命于十六个家族，于是经历了周朝、汉朝，以至于到了陈朝、隋朝，将完整的国家版图分割，大兴分封子弟之风的人大有人在。这些被分封的人中，有的保护着王室的安定，与国运一起沉浮；有的失去了统治的土地，忽然间灭亡断绝了宗庙祭祀。然而推究他们的兴隆和更替，考察他们的兴盛和灭亡，之所以成功和立名，都是依赖于始封国君的功德，之所以丧国和亡身，大多是因为继位国君的行为。这是什么原因呢？始封的国君，经历过天下草创的时代，看到过成就帝王之业的艰难，了解父王和兄长的忧虑和勤奋，所以身处上位不会骄纵，白天黑夜都不懈怠，有的准备下甜酒来寻求贤才，有的吐出口中的食物去迎接贤士。所以喜欢逆耳的忠言，赢得百姓的欢心，在生前建立了完美的功德，在身后留下了后人的追思。等到子孙继位，多属于国家兴隆安定的时代，他们出生在深宫之中，成长在妇人之手，不把处于高位而感到忧患和戒惧，怎么能够指导耕种和收获的艰难呢？亲近小人，疏远君子，缠绵于乱国的妇人，对有美德的人倨傲狠戾，违反道义悖逆礼法，荒淫放纵没有节制，不遵守制度法令，僭越身份和等级。依仗一时的权力和宠信，便产生与嫡长子抗衡的念头；自恃一事上的微笑功劳，于是生出无法满足的欲望。抛弃了忠诚坚贞的正路，踏上奸诈不法的迷途。固执己见，违背天命，在错误的道路上一直发展不知改悔。虽然有汉代梁孝王刘武、晋代齐王司马冏那样的功勋，汉代淮南王刘安、三国东阿王曹植那样的才华，摧折了摩云的翅膀，成为涸辙中的困鱼，抛弃齐桓公、晋文公一样的大功，接受梁冀、董卓一样的死刑。流传后世作为典型的警戒，能不感到痛惜吗！皇帝以圣明睿智的天资，挽救倾覆危急的时局，显示七德以安定天下，统一四海而使各种神灵前来朝拜，笼络安抚四方之国，亲善和睦血缘亲族，顾念兄弟情意于《棠棣》诗篇的吟诵之中，寄托守卫皇室的责任于宗族子弟的连城分封。皇上的心中存有的仁爱，没有一天不念及，于是命令下臣，查考阅览古代的典籍，广泛搜求可资借鉴的言行，以给后代留下顺应天下人心的谋略。我于是竭尽我的诚心，考察前人的教训。凡是作为国家的保卫者和

维护者，封国立家的人，他们的兴旺一定是由于积累善行，他们的灭亡都是在于积累恶行。所以可知善行不积累就不能够成名，恶行不积累就不能够灭亡。然而，福祸没有定数，吉凶全由自己，仅仅是由人自己所招致的，难道是空话吗！如今辑录古代诸王做事的得失，区分出善恶，各为一篇，命名为《诸王善恶录》，希望能够使各位亲王见贤思齐，能够因此而美名永远流传后世；闻恶能改，也许可以避免大的过失。依从善道就能够取得赞誉，改正过错就能够没有灾祸。兴亡系乎于此，能不努力吗！

唐太宗看了这后评价说好，对诸位亲王说：『应当将此放在你们座位旁边，当做立身处事的根本。』

评点

《自古诸侯王善恶录》的编撰，正反映了李世民『以史为鉴，可以知兴替』的思想。新旧唐书中均记载，『魏征《自古诸侯王善恶录》，二卷』，但此书今天已经失传。

贞观十年，太宗谓荆王元景、汉王元昌、吴王恪、魏王泰等曰：『自汉已来，帝弟帝子，受茅土、居荣贵者甚众，惟东平及河间王①最有令名，得保其禄位，如楚王玮②之徒，覆亡非一，并为生长富贵，好自骄逸所致。汝等鉴诫，宜熟思之。拣择贤才，为汝师友，须受其谏诤，勿得自专。我闻以德服物，信非虚说。比尝梦中见一人云虞舜，我不觉竦然敬异，岂不为仰其德也！向若梦见桀、纣，必应斫之。桀、纣虽是天子，今若相唤作桀、纣，人必大怒。颜回、闵子骞、郭林宗、黄叔度③，虽是布衣，今若相称赞道类

此四贤，必当大喜。故知人之立身，所贵者惟在德行，何必要论荣贵。汝等位列藩王，家食实封④，更能克修德行，岂不具美⑤也？且君子小人本无常，行善事则为君子，行恶事则为小人，当须自克励，使善事日闻，勿纵欲肆情，自陷刑戮。』

注释 ①东平：指汉代东平王刘苍，汉光武帝刘秀的儿子。河间王：指汉代河间王刘德，汉景帝的儿子。②楚王玮：晋武帝司马炎的儿子司马玮，封为楚王，刚狠好杀，因矫诏杀大臣被贾后处死。③颜回、闵子骞：都是孔子的弟子，以德行著称。郭林宗：名太；黄叔度：名宪。二人都是东汉时人，以才德名世。④实封：诸侯实际可以占有的土地。⑤具美：完美。

译文 贞观十年（636年），唐太宗对荆王李元景、汉王李元昌、吴王李恪、魏王李泰等人说：『从汉代以来，皇帝的弟弟和儿子，接受分封、享受荣华富贵的人很多，只有东平王和河间王最有好名声，得以保持他们的俸禄和爵位，像楚王司马玮之徒一样国家倾覆自己灭亡的，不止一例，都是因为生长于富贵之中，喜欢自己骄奢淫逸所导致的。你们要引以为戒鉴，应当好好思考思考。选拔贤才，作为你们的师友，必须接受他们的直言劝谏，不要自己专断。我听说过以德服人，相信这不是假话。近来曾经在梦中遇到一个人自称虞舜，我不由得肃然起敬，难道不是因为仰慕他的德行吗！当时如果梦见的是夏桀或者是商纣，一定会砍了他。夏桀和商纣虽然是天子，如今如果说别人是夏桀、商纣，别人一定会大怒。颜回、闵子骞、郭林宗、黄叔度，虽然都是普通百姓，如今如果称赞对方像这四个贤人，一定会非常高兴。由此可知人立身处事，最可宝贵的只有德行，为什么一定要讲荣华富贵呢？你们位列藩王，每家都有封地作为食邑，再加上能够实实在在的修养德行，难道不完美吗？况且君子和小人之间的界限并不是确定不变的，做好事就是君子，做坏事就是小人，你们应当自我克制和劝勉，以使每天都做好事，不要放纵情欲，自己陷入刑罚惩处的境地。』

评点 『自天子以至于庶人，壹是皆以修身为本。』古代无论是家庭教育还是学校教育，伦理道德都是最基本的内容。

贞观十年，太宗谓房玄龄曰：『朕历观前代拨乱创业之主，生长民间，皆识达情伪①，罕至于败亡。逮乎继世守文之君，生而富贵，不知疾苦，动至夷灭。朕少小以来，经营多难，备知天下之事，犹恐有所不逮。至于荆王诸弟，生自深宫，识不及远，安能念此哉？朕每一食，便念稼穑之艰难；每一衣，则思纺绩之辛苦，诸弟何能学朕乎？选良佐以为藩弼，庶其习近善人，得免于愆过尔。』

注释 ①情伪：真实与虚假。

译文 贞观十年（636年）唐太宗对房玄龄说：『我通观前代平定乱世创立基业的君主，生长在民间，都清楚地了解是非对错，很少至于失败和灭亡。到了继承前人事业的君主，生长在富贵之中，不了解老百姓的疾苦，动不动就被消灭。我从小以来，事业中经历了许多艰难，完全了解天下的事情，仍然怕有不周全的地方。至于荆王等各位弟弟，生长在深宫之中，见识不远，怎么能想到这些呢？我每次吃饭，就会想到耕种收获的艰难；每次穿衣，就会想到纺纱织布的辛苦，各位弟弟怎样才能学到我这些呢？选择贤能的辅佐者作为辅助，也许可以让他们学着做好人，能够避免罪过发生吧。』

评点 在人的道德养成中，实践锻炼和环境熏陶都是重要的途径。因此在诸位弟弟无法参加像他曾参加的实践活动的情况下，李世民希望能够为他们选择师友来帮他们形成良好的道德素质。

贞观十一年，太宗谓吴王恪曰：『父之爱子，人之常情，非待教训而知也。子能忠孝则善矣。若不遵诲诱，忘弃礼法，必自致刑戮。父虽爱之，将如之何？昔汉武帝既崩，昭帝嗣立，燕王旦①素骄纵，诪张②不服，霍光遣一折简诛之③，则身死国除。夫为臣子不得不慎。』

注释 ①燕王旦：汉武帝的第三子刘旦，封为燕王。②诪张：欺诈，诳惑。③霍光：西汉大臣，汉武帝死后受遗诏辅佐汉昭帝，任大司马大将军。折简：书信。

译文 贞观十一年（637年），唐太宗对吴王李恪说：『父亲爱孩子，这是人之常情，不是依靠教育才知道的道理。孩子能够做到忠孝就好了。如果不遵从教诲诱导，忘记和背弃礼法，一定会自己招致刑罚杀戮。父亲虽然爱他，又将能怎么样呢？当初汉武帝驾崩之后，汉昭帝即位，燕王刘旦素来骄横放纵，欺骗诳诈不服法令，霍光送去一封书信诛罚他，他就自身死亡、封国撤销。做臣子的人不能不谨慎啊。』

评点 身教胜于言教，此章及前面几章中李世民对子弟李元景、李泰、李恪、李元昌等都进行过谆谆的教导，言辞不可谓不恳切，但这几人最终都因谋反或者夺嫡而未得善终。对此，戈直的评论颇值得玩味：『四人都没有得到善终，难道是因为富贵骄奢而改变了他们善良的本性吗？大概是因为唐太宗虽然教导和命令的言辞都很恳切，但自己却没有以身作则、做出表率吧？』

贞观中，皇子年小者多授以都督、刺史，谏议大夫褚遂良上疏谏曰：『昔两汉以郡国①治人，除郡以外，分立诸子，割土封疆，杂用周制。皇唐郡县，粗依秦法。皇子幼年，或授刺史。陛下岂不以王之骨肉，镇扞②四方？圣人造制，道高前古，臣愚见有小未尽。何者？刺史师帅③，人仰以安。得一善人，部内苏息④；遇一不善人，阖州劳弊。是以人君爱恤百姓，常为择贤。或称河润九里，京师蒙福⑤；或与人兴咏，生为立祠⑥。汉宣帝云：「与我共理者，惟良二千石乎⑦！」如臣愚见，陛下子内年齿尚幼，未堪临民者，请且留京师，教以经学。一则畏天之威，不敢犯禁；二则观见朝仪，自然成立。因此积习，自知为人，审堪临州，然后遣出。臣谨按汉明、章、和三帝，能友爱子弟，自兹以降，以为准的。封立诸王，虽各有土，年尚幼小者，召留京师，训以礼法，垂以恩惠。讫⑧三帝世，诸王数十百人，惟二王⑨稍恶，自余皆冲和深粹⑩。惟陛下详察。』太宗嘉纳其言。

注释 ①郡国：汉朝国家治理中兼采封建制和郡县制，分天下为郡与国。郡直属中央，国分封王、侯，封王之国称王国，封侯之国称侯国。②镇扞：镇守捍卫。③师帅：军制中师的统帅。《周礼·夏官·序官》有：『二千五百人为师，师帅皆中大夫。』孙诒让《周礼正义》引江永曰：『州出二千五百人为师，师帅，中大夫，即州长也。』可见『师帅』又是州长，代指一方的长官和统帅。④苏息：休养生息。⑤河润九里，京师蒙福：《后汉书·郭伋传》记载：东汉时，颍川盗贼群起，郭伋被征拜为颍川太守。光武帝召见他说：『贤能太守，去帝城不远，河润九里，冀京师并蒙福也。君虽精于追捕，而山道险厄，自斗当一士耳，深宜慎之。』郭伋到郡之后，招怀山贼阳夏赵宏、襄城召吴等数百人，悉遣归附农。⑥生为立祠：《汉书·王堂传》记载：汉宣帝时，『西羌寇巴郡，为民患，诏书遣中郎将尹就攻讨，连年不克。三府举堂治剧，拜巴郡太守。堂驰兵赴贼，斩虏千余级，巴、庸清静，吏民生为立祠。』⑦与我共理者，惟良二千石乎：出自《汉书·循吏传序》：『庶民所以安其田里而亡叹息愁恨之心者，政平讼理也。与我共此者，其唯良二千石乎！』二千石：汉制，郡守俸禄为二千石，因此称郡守为『二千石』。⑧讫：全，都。⑨二王：指楚王刘英、广陵思王刘荆，都因谋反失败而死。⑩自余：其余，以外，此外。冲和：淡泊平和。深粹：深厚纯粹。

译文 贞观年间，皇子中年纪很小的就多被授予都督、刺史职位，谏议大夫褚遂良上疏劝谏说：『当初两汉以郡国并行的制度治理人民，除了郡之外，分封各位皇子，划分土地封疆建国，间杂使用周朝的制度。我大唐采用郡县制，大体上依照秦朝的制度。皇子们年龄幼小，有的就授予刺史职位。陛下岂不是用帝王的亲生骨肉，去镇守捍卫四方？圣人创设制度，原则和方法上要高于前人，依我之见这样做稍微有不完善之处。为什么这样说呢？刺史是一方的长官和统帅，人民依赖他实现安定。使用一个好的人选，辖下境内就可得到休养生息。使用一个不好的人选，整个州都会疲乏困顿。所以国君爱护体恤百姓，经常为这个位置选择贤良的人才。有的被称赞为如同河流滋润沿岸各地一样，连京城都得到好

处；有的使人民歌咏赞颂，活着时就为之设立祭祀的祠堂。汉宣帝说：「与我一起治理国家的，只是贤良的郡守啊！」在我看来，陛下的儿子中年龄尚小，不能够担当治理人民的职责的，请暂时留在京城，用经学来教育他们。一则使他们畏惧天子的威严，不敢违法犯禁；二则可以看到朝廷上的仪节，自然养成礼义规矩。以此来不断积累，自然知道如何做人，考察他们胜任治理州郡，然后把他们派出去。我曾慎重考察过汉代明帝、宣帝、和帝三朝的情况，他们能对子弟友好亲爱，从那时起，将此作为标准。分封诸王，虽然各有封地，但年龄还小的，从封地召回留在京城，用礼法来教育他们，赐予他们恩惠。在这三位皇帝统治的整个时期内，诸王有数百人，只有两个稍微差一些，其余的都为人淡泊平和，德行深厚纯粹。希望陛下能够明察。』唐太宗赞同并采纳了他的建议。

评点 褚遂良主张任人唯贤而反对任人唯亲，既是为了老百姓的利益考虑，也是为了李氏王朝的安危着想。

规谏太子第十二

贞观五年，李百药为太子右庶子，时太子承乾颇留意典坟①，然闲宴之后，嬉戏过度。百药作《赞道赋》以讽焉，其词曰：

下臣侧闻②先圣之格言，尝览载籍之遗则。伊天地之玄造③，洎④皇王之建国，曰人纪与人纲，资立言与立德。履之则率性成道，违之则罔念作忒⑤。望兴废如从钧⑥，视吉凶如纠纆⑦。至乃受图膺箓，握镜⑧君临。因万物之思化，以百姓而为心。体大仪之潜运⑨，阅往古于来今。尽为善于乙夜，惜

勤劳于寸阴。故能释层冰于瀚海，变寒谷于踯林[10]。总人灵以胥[11]悦，极穹壤而怀音[12]。

赫矣圣唐，大哉灵命[13]；时维大始[14]，运钟上圣[15]。天纵皇储，固本居正，机悟宏远，神姿凝映。顾三善[16]而必弘，祗四德[17]而为行。每趋庭[18]而闻礼，常问寝而资敬[19]。奉圣训以周旋[20]，诞天文之明命[21]。迈观乔而望梓[22]，即元龟与明镜[23]。自大道云革[24]，礼教斯起，以正君臣，以笃父子。君臣之礼，父子之亲，尽情义以兼极，谅[25]弘道之在人。岂夏启与周诵，亦丹朱与商均。既雕且琢，温故知新。惟忠与敬，曰孝与仁，则可以下光四海，上烛三辰[26]。昔三王之教子，兼四时以齿学；将交发[27]于中外，乃先之以礼乐。乐以移风易俗，礼以安上化人。非有悦于钟鼓，将宣志以和神。宁有怀于玉帛，将克己而庇身。生于深宫之中，处于群后[28]之上，未深思于王业，不自珍于匕鬯[29]。谓富贵之自然，恃崇高以矜尚[30]，必恣骄狠，动愆礼让，轻师傅而慢礼仪，狎奸谄而纵淫放。前星[31]之耀遽隐，少阳[32]之道斯谅。虽天下之为家，蹈夷俭[33]之非一。或以才而见升，或见谗而受黜。足可以省厥休咎[34]，观其得失。请粗略而陈之，觊披文而相质[35]。

在宗周[36]之积德，乃执契[37]而膺期；赖昌、发而作贰[38]，启七百之鸿基。

逮扶苏[39]之副秦，非有亏于闻望[40]，以长嫡之隆重，监偏师于亭障[41]。始祸则金以寒离[42]，厥妖则火不炎上[43]；既树置之违道，见宗祀之遄[44]丧。伊汉氏之长世，固明两之递作[45]。高惑戚而宠赵[46]，以天下而为谑[47]。惠结皓而因良[48]，致羽翼于寥廓[49]。景有惭于邓子[50]，成从理[51]之淫虐；终生患于强吴，由发怒于争博[52]。彻居储两[53]，时犹幼冲[54]，防衰年之绝议，识亚夫之矜功，故能恢弘祖业，绍三代之遗风。据开博望[55]，其名未融[56]，哀时命之奇舛[57]，遇谗贼于江充，虽备兵以诛乱，竟背义而凶终。宣嗣[58]好儒，大猷[59]行阐，嗟被[60]尤于德教，美发言于忠謇。始闻道于匡、韦[61]，终获戾于恭、显[62]。太孙[63]杂艺，虽异定陶[64]，驰道不绝[65]，抑惟小善。犹见重于通人[66]，当传芳于前典。中兴上嗣[67]，明、章济济[68]，俱达时政，咸通经礼，极至情于敬爱，惇友于[69]于兄弟，是以固东海[70]之遗堂，因西周之继体。五官[71]在魏，无闻德音。或受讥于妲己，且自悦于从禽。虽才高而学富，竟取累于荒淫。暨贻厥于明皇[72]，构崇基于三世[73]，得秦帝之奢侈，亚汉武之才艺。遂驱役于群臣，亦无救于凋弊。中抚[74]宽爱，相表多奇。重桃符而致惑，纳巨鹿之明规[75]。竟能扫江表之氛秽[76]，举要荒而见羁[77]。惠处东朝[78]，察其遗迹。在圣德其如初，实御床之可惜。悼愍怀[79]之云废，遇烈风之吹沙。尽性灵之狎艺[80]，亦自败于凶邪。安能奉其粢盛[81]，承此邦家！

惟圣上之慈爱，训义方于至道[82]。同论政于汉幄[83]，修致戒于京鄗[84]。鄗韩子之所赐[85]，重经术以为宝。咨政理之美恶，亦文身之黼藻[86]。庶有择于愚夫，惭乞言于遗老。致庶绩于咸宁，先得人而为盛。帝尧以则哲垂谟[87]，文王以多士兴咏。取之于正人，鉴之于灵镜[88]。量其器能，审其检行[89]。必宜度机而分职，不可违方以从政。若其惑于听受，暗于知人，则有道者咸屈，无用者必伸。谗谀竞进以求媚，玩好不召而自臻。直言正谏，以忠信而获罪；卖官鬻狱[90]，以货贿而见亲。于是亏我王度，斁[91]我彝伦。九鼎[92]遇奸回而远逝，万姓望抚我而归仁。盖造化之至育，惟人灵之为贵。狱讼不理，有生死之异涂，冤结不伸，乖阴阳之和气[93]。士之通塞，属之以深文[94]；命之修短，悬之于酷吏。是故帝尧画像[95]，陈恤隐[96]之言；夏禹泣辜[97]，尽哀矜之志。因取象于《大壮》[98]，乃峻宇而雕墙。将瑶台[99]以琼室，岂画栋以虹梁？或凌云以遐观[100]，或通天而纳凉[101]。极醉饱而刑人力，命痿蹶[102]而受身殃。是以言惜十家之产[103]，汉帝以昭俭而垂裕；虽成百里之囿，周文以子来而克昌。彼嘉会而礼通，重旨酒之为德[104]。至忘归而受祉[105]，在齐圣而温克[106]。若其酗醟[107]以致昏，酖湎[108]而成忒，痛

殷受与灌夫[109]，亦亡身而丧国。是以伊尹以酣歌而作戒[110]，周公以乱邦而贻则[111]。咨幽闲之令淑[112]，实好逑[113]于君子。辞玉辇而割爱，固班姬之所耻[114]；脱簪珥而思愆，亦宜姜之为美[115]。乃有祸晋之骊姬[116]，丧周之褒姒[117]，尽妖妍于图画，极凶悖于人理。倾城倾国，思昭示于后王；丽质冶容，宜永鉴于前史。复有蒐狩[118]之礼，驰射[119]之场，不节之以正义，必自致于禽荒[120]。匪外形之疲极，亦中心而发狂。夫高深不惧，胥靡[121]之徒；韝緤[122]为娱，小竖[123]之事。以宗社之崇重，持先王之名器，与鹰犬而并驱，凌艰险而逸辔[124]。马有衔橛[125]之理，兽骇不存之地。犹有靦[126]于获多，独无情而内愧？

以小臣之愚鄙，忝不赀[127]之恩荣。擢无庸于草泽，齿陋质于簪缨[128]。遇大道行而两仪[129]泰，喜元良会而万国贞。以监抚之多暇，每讲论而肃成[130]。仰惟神之敏速，叹将圣之聪明。自礼贤于秋实[131]，足归道于春卿[132]。芳年淑景[133]，时和气清。华殿邃兮帘帏静，灌木森兮风云轻，花飘香兮动笑日，娇莺啭兮相哀鸣。以物华之繁靡，尚绝思于将迎[134]。犹允蹈[135]而不倦，极耽翫以研精[136]。命庸才以载笔[137]，谢摛藻于天庭[138]。异洞箫之娱侍[139]，殊飞盖之缘情[140]。阙雅言以赞德，思报恩以轻生。敢下拜而稽首，愿永树于

风声141。奉皇灵之遐寿142，冠振古之鸿名。

太宗见而遗使谓百药曰：『朕于皇太子处见卿所作赋，述古来储贰事以诫太子，甚是典要143。朕选卿以辅弼太子，正为此事，大称所委，但须善始令终耳。』因赐厩马一匹，彩物三百段。

注释

①典坟：即传说中上古时期的典籍五典、三坟，泛指古代典籍。②侧闻：从旁边听到，即传闻，听说。③伊：发语词，无义。玄造：即造化。④洎：到。⑤忒：差错。⑥钧：制陶器用的转轮。⑦纠纆：绳索。纠：两股绞成的绳索；纆：三股绞成的绳索。⑧握镜：手握明镜。比喻帝王受天命，怀明道。⑨大仪：太极，指形成天地万物的本原之气。潜运：悄悄运转。⑩寒谷：山谷名，又名黍谷。刘向《七略别录·诸子略》中说：『邹衍在燕，有谷地美而寒，不生五谷，邹子居之，吹律而温至黍生，至今名黍谷。』蹛林：匈奴、鲜卑等北方民族秋社之处，因秋社绕林木而会祭，故称。如《史记·匈奴列传》中有：『秋，马肥，大会蹛林。』司马贞《索隐》引服虔曰：『匈奴秋社八月中皆会祭处。』张守节《正义》引颜师古曰：『蹛者，遶也，言遶林木而祭也。鲜卑之俗，自古相传，秋祭无林木者，尚竖柳枝，众骑驰遶三周乃止，此其遗法也。』⑪人灵：生灵，百姓。胥：都，全。⑫穹壤：天地，代指天下。音：德音，指合乎仁德的言语、教令。⑬灵命：上天的意志，天命，代指帝位。⑭大始：指开始形成万物的混沌之气，借指初兴的王朝。⑮钟：寄托。上圣：至圣，德智超群的人。⑯三善：古代指臣事君、子事父、幼事长的三种道德规范。⑰祇：恭敬，尊崇。四德：指元、亨、利、贞四德。《周易·乾卦》中说：『文言曰：元者，善之长也；亨者，嘉之会也；利者，义之和也；贞者，事之干也。君子体仁足以长人，嘉会足以合礼，利物足以和义，贞固足以干事。君子行此四德者，故曰乾元亨利贞。』⑱趋庭：《论语·季氏》中说：『（孔子）尝独立，鲤趋而过庭。曰：「学诗乎？」对曰：「未也。」「不学诗，无以言。」鲤退而学诗。他日，又独立，鲤趋而过庭。曰：「学礼乎？」对曰：「未也。」「不学礼，无以立。」鲤退而学礼。』孔鲤即孔子的儿子伯鱼，因此后人以『趋庭』比喻子承父教。⑲资敬：《孝经·士》有：『资于事父以事君，而敬同。』常用以指以尊敬父亲的态度尊敬君王。⑳周旋：古代行礼时进退揖让的动作，引申为遵循一定的规矩而行动。㉑诞：大，光大。天文：这里指上天，代指君主。明命：圣明的命令，特指帝王的命令、诏旨。㉒观乔而望梓：典出《尚书大传》卷四：『伯禽与康叔见周公，三见而三笞之。康叔有骇色，谓伯禽曰：「有商子者，贤人也。与子见之。」乃见商子而问焉。商子曰：「南山之阳有木焉，名乔。」二三子往观之，见乔实高高然而上，反以告商子。商子曰：「乔者，父道也。南山之阴有木焉，名梓。」二三子復往观焉，见梓实晋晋然而俯，反以告商子。商子曰：「梓者，子道也。」二三子明日见周公，入门而趋，登堂而跪。周公迎拂其首，劳而食之，曰：「尔安见君子乎？」』后常以『乔梓』比喻父子。㉓即：接近。元龟：用以占卜的大龟，常比喻可资借鉴的往事。这句话比喻重视前人的借鉴和今人的建议。㉔大道：正道，常理，忒指最高的治世原则。如《礼记·礼运》有：『孔子曰：「大道之行也，与三代之英，丘未之逮也，而有志焉。」』云：文言助词，无义。革：变化，变易。㉕谅：料想，推想。㉖烛：照亮。三辰：指日、月、星。㉗交发：这里指役使。㉘群后：四方诸侯，各位亲王。㉙匕鬯：饮食的器具，代指宗庙祭祀。㉚矜尚：骄傲自大。㉛前星：《汉书·五行志下之下》中说：『心，大星，天王也。其前星，太子；后星，庶子也。』后以『前星』指太子。㉜少阳：即东方，太子所居之处为东宫，因以代指太子。㉝夷俭：平坦和险阻。俭：同『险』。㉞休咎：吉凶，善恶。㉟觇：期望，希望得到。披：分析，辨析。文：外表，表现形式，这里指具体的事例。㊱宗周：即周王朝，周

为所封诸侯国之宗主国，故称。㊲执契：把握契机。㊳昌：姬昌，周文王的名字。发：姬发，周武王的名字。贰：副，代指太子，这里指周成王姬诵。㊴扶苏：秦始皇长子，曾被秦始皇派到北方的上郡蒙恬军中监修长城。为了扶植胡亥即位，被赵高、李斯等人矫诏杀死。㊵闻望：声望，名望。㊶偏师：主力军之外的军队。亭障：古代边塞要地设置的堡垒。㊷金以寒离：《左传》记载：闵公二年，晋献公使太子申生帅师，公衣之偏衣，佩之金玦。狐突叹曰：『时，事之征也；衣，身之章也；佩，衷之旗也。故敬其事，则命以始；服其身，则衣之纯；用其衷，则佩之度。今命以时卒，閟其事也；衣以龙服，远其躬也；佩以金玦，弃其衷也。服以远之，时以閟之，龙凉冬杀，金寒玦离，胡可恃也！』古人认为，金性寒，代表疏远；玦与『决』同音，代表别离。『金以寒离』比喻打算废黜太子。㊸厥：他的。妖：反常怪异的现象或事物，灾变。火不炎上：指太子被杀。《五行传》说：『弃法律，逐功臣，杀太子，以妾为妻，则火不炎上。』㊹遄：快，迅速。㊺明两：出自《易经·离卦》『明两作离』。本壹是《离卦》离下离上，为两明前后相续之象，古人常以『明两』指太阳，并代指帝王或太子，这里代指太子。递作：相继兴起。㊻高惑戚而宠赵：指汉高祖刘邦宠爱戚夫人，打算废掉太子刘盈而立戚夫人之子赵王如意之事。㊼谑：开玩笑，儿戏。㊽惠结皓而因良：指汉惠帝为太子时，得知汉高祖有废黜之意，听从张良的计谋结交四皓之事。㊾致羽翼于寥廓：将羽翼置于辽阔的天空之中，指制造条件从容地掌握了局势。㊿景有惭于邓子：邓子，指汉文帝的宠臣邓通。汉景帝刘启为太子时，文帝宠信邓通，汉文帝生了毒疮，邓通亲自用嘴替他吮吸。汉文帝问邓通：『天下谁最爱我？』邓通回答说：『当然是太子。』太子进宫问病，汉文帝也让他吸毒疮，太子面有难色。后来听说邓通曾经为皇帝吮吸毒疮，心里感到惭愧，并对邓通产生了怨恨。太子即位为汉景帝之后，邓通便被免职抄家。(51)从理：指鼻侧口旁达口角的纵理纹。古时相士认为，有从理者，主饿死。《史记·绛侯周勃世家》记载：『周亚夫为河内守，许负相之，指其口曰：「有从理入口，此饿死法也。」』周亚夫为西汉名将，军纪严明，景帝时因其子犯法被连坐，绝食五日后呕血而死。(52)终生患于强吴，由发怒于争博：汉景帝为太子时，曾经与吴王刘濞的儿子博戏，刘濞的儿子素来骄纵，博戏时不尊礼法，与景帝起了争执，景帝用博局将他打死。因此此后强大的吴国一直是景帝的心腹大患。(53)彻：汉武帝，名刘彻。储两：太子。(54)幼冲：年龄幼小。(55)据开博望：据，指汉武帝的儿子刘据。刘据为太子时，汉武帝曾经为他开了博望苑，让他用来结交宾客。后刘据因被汉武帝的宠臣江充以『巫蛊之术』陷害，被迫起兵捕杀江充，被告谋反，兵败自刭。(56)融：长久。(57)奇舛：曲折不顺利。(58)宣嗣：汉宣帝的儿子，指汉元帝刘奭。(59)大猷：治国大道。猷：道。(60)被：同『彼』。(61)匡、韦：指匡衡和韦玄成，都是西汉著名的儒生，相继被汉元帝任命为相。(62)恭、显：指弘恭、石显，都是西汉时专权的宦官，曾将萧望之、京房、贾捐之等人迫害致死。(63)太孙：汉成帝刘骜的字，刘骜为汉元帝太子。(64)定陶：指定陶王，汉元帝的儿子，汉成帝的弟弟。(65)驰道不绝：《汉书·成帝纪》记载：『元帝即位，帝为太子。壮好经书，宽博谨慎。初居桂宫，上尝急召，太子出龙楼门，不敢绝驰道，西至直城门，得绝乃度，还入作室门。上迟之，问其故，以状对。上大说，乃著令，令太子得绝驰道云。』驰道：古代供君王行驶车马的道路。绝：穿越。(66)通人：学识渊博通达的人。(67)中兴：指东汉。王莽篡汉之后刘秀重新建立了东汉，恢复了汉朝的基业，所以称中兴。上嗣：君主的嫡长子，即太子。(68)济济：庄重敬慎貌。『济』同『齐』。(69)友于：《尚书·君陈》有：『惟孝友于兄弟。』后以『友于』为兄弟友爱之义。(70)东海：指汉明帝之兄东海王，与明帝非常友爱。(71)五官：指魏文帝曹丕。曹丕曾经做过五官中郎将，跟随曹操平定袁绍之后，看到袁绍的儿媳、袁熙的妻子甄氏貌美，便纳为自己的妻室。孔融为此杜撰周公娶妲己的故事来讽刺他。曹丕取代汉献帝做了皇帝之后，曾经外出打猎，对群臣说：『射雉乐哉！』大臣辛毗回答说：『于陛下甚乐，于群臣甚苦。』(72)明皇：指曹丕的太子曹叡，即位之后为魏明帝。侍中刘晔曾经评价他：『秦始皇、汉孝武之俦，才具微不及耳。』景初元年，他在芳林园造假山，让公卿以下的百官都为他背土栽树，并且捕捉禽兽放在里面。群臣都累得面目又脏又黑。(73)三世：即三年。(74)中抚：指晋武帝司马炎，司马懿之孙，司马昭之子，曾在魏为中抚军。(75)重桃符而致惑，纳巨鹿之明规：桃符是司马炎的弟弟齐王司马攸的小名。开始时司马昭曾经想立司马攸为世子，何曾、裴秀劝谏说：『中抚军聪明神武，人望既茂，天表如此，固非人臣之相也。』司马昭于是拿定了主意，立司马炎为世子。司马炎最终取代曹魏，建立晋朝，平定东吴，统一了全国。(76)江表：指长江以南地区。氛秽：邪恶肮脏之气，比喻战乱。(77)见羁：受束缚，指归服。(78)惠：指司马炎的儿子晋惠帝司马衷。东朝：即东宫，指太子。晋惠帝没有即位之前，朝野都知道他是一个弱智，不适宜做太子。尚书令卫瓘想劝谏司马炎但是不敢开口。有一次卫瓘等人陪司马炎在凌云台饮酒，他假装喝醉，跪在司马炎面前，多次欲言又止之后，用手拍着司马炎的座位说：『可惜了这个座位啊。』(79)愍怀：晋惠帝的儿子愍怀太子司马遹，遭贾后陷害而废为庶人。(80)狎艺：亲近经籍，指学习经学典籍。艺：指经籍，古代常称《诗》、《书》、《礼》、《乐》、《易》、《春秋》六经为六艺。(81)粢盛：古代盛在祭器内以供祭祀的谷物。何休注《春秋公羊传·桓公十四年》『粢盛委之所藏也』说：『黍稷曰粢，在器曰盛。』(82)义方：行事应该遵守的规范和道理。至道：指最好的学说或道德。(83)汉幄：汉代帝王的居处。幄：即帷幄，指室内悬挂的帐幕，因天子居处必设帷幄，所以常代指天子或天子的居处。(84)致戒：最完善的典章制度。传说周公曾经制礼作乐，作为国家治理的基本依据。京鄗：即镐京，西周的都城，今西安。(85)韩子之所赐：晋元帝喜欢刑名法术，曾经以《韩非子》赐给太子。(86)文身：修身，修养心性品德。黼藻：指绘画、雕刻等，代指通过修饰使之完善。(87)则哲：《尚书·

皋陶谟》中有：『知人则哲，能官人。』后以『则哲』比喻知人。垂谟：流传治国谋略于后世。(88)灵镜：古代用以观测星象的仪器，这里指明镜。(89)检行：即操行。(90)鬻狱：受贿而枉断官司。(91)斁：败坏。(92)九鼎：相传夏禹铸九鼎，象征九州，夏、商、周三代奉为象征国家政权的传国之宝。周显王时，九鼎没于泗水彭城下。(93)和气：古人认为天地间阴气与阳气交合而成之气，万物由此而生。引申指能导致吉利的祥瑞之气。(94)深文：制定或援用法律条文苛细严峻。(95)帝尧画像：《汉书·武帝纪》中说：『朕闻昔在唐虞，画象而民不犯，日月所烛，莫不率俾。』颜师古注曰：『应劭曰：「二帝但画衣冠，异章服，而民不敢犯也。」《白虎通》云：「画象者，其衣服象五刑也。」』画像：又作『画象』，即画衣冠，指上古时人犯了罪过只以特异的服饰象征五刑，以示惩诫。(96)恤隐：忧念百姓疾苦。(97)夏禹泣辜：刘向《说苑·君道》中说：『禹出见罪人，下车问而泣之。』泣辜：因哀怜罪人而哭泣。(98)《大壮》：《周易》六十四卦之一，乾下震上。《系辞下》中说：『上古穴居而野处，后世圣人易之以宫室，上栋下宇，以待风雨，盖取诸《大壮》。』《大壮》上震下乾，震为雷，乾为天，古人认为天形似圆盖，其卦象为上有雷雨，下有御雨之圆盖，所以创建宫室、以避风雨，取象于《大壮》。(99)瑶台：美玉砌的楼台，相传是夏桀所造楼台的名字，泛指雕饰华丽的楼台。《淮南子·本经训》中说：『晚世之时，帝有桀纣，为琁室瑶台，象廊玉床。』琼室：商纣王所造的玉室，泛指奢华的帝宫。《竹书纪年》卷上：『（殷帝辛）九年，王师伐有苏，获妲己以归。作琼室，立玉门。』瑶台、琼室：这里代指帝王的宫室楼台。(100)凌云：即凌云台。三国时魏文帝曹丕所筑。《三国志·魏志·文帝纪》记载：『（黄初二年）十二月，行东巡，是岁筑凌云台。』遐观：遍览，远眺。(101)通天：即通天台。汉武帝所造，在今陕西省淳化县西北甘泉山故甘泉宫中。《汉书·武帝纪》记载：『（元封）二年冬十月……作甘泉通天台。』颜师古注曰：『通天台者，言此台高，上通于天地。《汉旧仪》云高三十丈，望见长安城。』《三辅黄图·台榭》引《汉武故事》说：『筑通天台于甘泉，去地百余丈，望云雨悉在其下，见长安城……元凤间，自毁。』纳凉：指承接露水。(102)痿蹶：指患病手足萎弱无力，动作行走不便。(103)言惜十家之产：《汉书·文帝纪》记载：『孝文皇帝即位二十三年，宫室、苑囿、车骑、服御无所增益。有不便，辄弛以利民。尝欲作露台，召匠计之，直百金。上曰：「百金，中人十家之产也。吾奉先帝宫室，常恐羞之，何以台为！」』(104)重旨酒之为德：《战国策》记载：仪狄作酒，禹饮而甘之，曰：『后世必有以酒亡国者。』遂疏仪狄而绝旨酒。旨酒：美酒。(105)忘归：忘返，指大禹治水三过家门而不入事。；受祉：接受上天的降福，指大禹的子孙建立夏朝事。(106)齐圣而温克：《诗经·小雅·小宛》中有：『人之齐圣，饮酒温克。』郑玄笺曰：『中正通知之人，饮酒虽醉犹能温藉自持以胜。』齐圣：聪明睿智。温克：醉酒后能蕴藉自持，不至于乱性胡为。(107)酗醟：即酗酒，酒醉狂乱。醟：音yòng，酗酒。(108)酖湎：沉湎于饮酒。酖：音dān，嗜酒，沉溺。湎：沉迷于酒。(109)殷受：即商纣王，沉湎酒色，曾造酒池。灌夫：西汉大臣，因醉酒骂丞相田蚡，获罪致死。(110)伊尹以酣歌而作戒：《商书》记载：伊尹曾经作训曰：『敢有恒舞于宫，酣歌于室，时谓巫风。』酣歌：沉湎于饮酒歌舞。(111)周公以乱邦而贻则：《周书》记载：周公曾经作诰曰：『越小大邦用丧，亦罔非酒，』(112)咨：同『兹』。幽闲：柔顺闲静，多用以形容女子。《诗经·周南·关雎》毛传在解释『窈窕淑女』之『窈窕』时说：『窈窕，幽闲也。』令淑：德行善美，这里指淑女。(113)逑：匹配。《诗经·周南·关雎》中有：『窈窕淑女，君子好逑。』(114)辞玉辇而割爱，固班姬之所耻：汉成帝与班婕妤在后院中游玩，曾经想与她同辇。班婕妤推辞说：『观古图画圣贤之君，皆有名臣在侧，三代末主，乃有嬖女，今欲同辇，得无近似之乎？』成帝非常赞赏她的话而接受了建议。(115)脱簪珥而思愆，亦宣姜之为美：宣姜：周宣王的王后，姜姓。周宣王有一次起晚了，宣姜

于是摘下了簪珥等首饰待罪于水巷，并派傅母告诉宣王说：『王乐色而忘德，失礼而晏起，乱之兴自婢子始，敢请罪。』周宣王说：『寡人不德，实自生过，非夫人之罪。』从此勤于政事。(116)祸晋之骊姬：骊姬，春秋时骊戎之女，晋献公伐骊戎，获姬归，立为夫人。晋献公有子三人：申生、重耳和夷吾。献公听信骊姬之谮，申生自杀，重耳奔翟国，夷吾守屈城，晋国大乱。(117)丧周之褒姒：褒姒：幽王的宠妃。幽王伐褒，褒人送褒姒于幽王，立为妃。后褒姒生子伯服，幽王因对她宠爱，废去王后申氏和太子宜臼，册立褒姒为王后，立伯服为太子。褒姒平时很少笑，幽王于是下令，谁能使褒姒一笑，赏以千金，虢国石父提出『烽火戏诸侯』的建议，幽王因此失信于诸侯。后来犬戎兵至，燃起烽火，诸侯不再出兵救援，幽王被杀，西周灭亡。(118)蒐狩：狩猎。春猎为蒐，冬猎为狩。《春秋谷梁传·昭公八年》中说：『因蒐狩以习用武事，礼之大者也。』(119)驰射：骑马射箭，追逐射猎。(120)禽荒：沉迷于田猎。《尚书·五子之歌》有：『内作色荒，外作禽荒。』蔡沉《集传》说：『禽荒，耽游畋也，荒者，迷乱之谓。』(121)胥靡：古代服劳役的奴隶或刑徒。《庄子·庚桑楚》有：『胥靡登高而不惧，遗死生也。』(122)韝緤：指打猎。韝：音g4u，古代射箭时戴的皮制袖套。緤：xiè，同『绁』，系动物的绳子。(123)小竖：僮仆。(124)逸辔：疾驰的马。(125)衔橛：指车马倾覆。(126)靦：感到羞愧。(127)不赀：无法计量。(128)齿：并列。陋质：平庸的才能。簪缨：古代官吏的冠饰，比喻显贵。(129)两仪：天地，这里指天下。(130)肃成：裴松之注《三国志·魏志·文帝纪》『又使诸儒撰集经传』引王沉《魏书》说：『帝初在东宫……集诸儒于肃城门内，讲论大义，侃侃无倦。』后以『肃成』为太子讲学处之称。这里指太子讲论学问。(131)秋实：秋季成熟的谷物及果实，比喻人的德行成就。(132)春卿：《周礼》春官司徒，后称礼部长官为春卿。这里代指礼义。(133)芳年：美好的年华。淑景：美好的时光。(134)将迎：将养，保养。如《列子·汤问》有：『不待杀戮而夭，不待将迎而寿。』(135)允蹈：

恪守，遵循。⑬⑥耽翫：专心研习，深切玩赏。研精：穷究精义。⑬⑦载笔：携带文具以记录王事，借指史官。⑬⑧谢：拒绝。摛藻：铺陈辞藻，施展文才。天庭：王庭，宫廷。⑬⑨洞箫之娱侍：汉元帝为太子时，好吹洞箫，王褒上《洞箫赋》，乃令后宫贵人皆诵读之。娱侍：陪伴侍候使之欢乐。⑭⓪飞盖之缘情：魏文帝曹丕为世子时，曹植赋诗曰：『消夜游西园，飞盖相追随。』飞盖：指驰车，驱车。缘情：抒发感情，借指作诗。⑭①永树于风声：出自《尚书·毕命》：『彰善瘅恶，树之风声。』孔安国传曰：『明其为善，病其为恶，立其善风，扬其善声。』风声：教化，好的风气。⑭②皇灵：祖先，前代帝王。遐寿：高寿，长寿。⑭③典要：简要而得体。

译文 贞观五年（631年），李百药为太子右庶子，当时太子李承乾有些留意古代典籍，但是悠闲的时候，玩乐过度。李百药作了一篇《赞道赋》来讽谏他，词中说：

下臣我听说过古代圣贤传下的格言，曾经读过典籍中记载的前人留下的法则。天地造化万物，一直到帝王建立国家，那些行为规范和道德法则，有利于提出言论和树立德行。遵循它就能够根据规律养成美德，违背它就会不思为善产生差错。看看兴废好像依顺着不停旋转的转轮，看看吉凶好像绞结在一起的绳索。到了我朝陛下接受符瑞顺应天命，手执明镜君临天下。顺应万物的本性谋划教化，把老百姓的想法当成自己的想法。体察天地万物悄悄运行的法则，借鉴古代的经验教训于当今的国家治理。始终为善直到深夜，勤于政务爱惜每寸光阴。所以能够消融瀚海中厚厚的冰冻，温暖蹛林中阴冷的山谷。全体百姓都感到欢悦，整个天下都感怀德音。

显赫啊，圣明的大唐！伟大啊，天命的君主！时值王朝之初兴，运数寄托于至圣。上天降下皇储，巩固国本遵循正道，机变思虑聪颖深远，神态姿容凝聚光彩。看到三善一定会发扬，尊崇四德将其化为自己的行为。每每经过庭院听父亲教导礼义，常常来到寝宫问候起居表达对君父的尊敬。尊奉圣上的训示而行动，光大君主圣明的旨意。行动严格遵循父子之道，重视前人的借鉴和他人的意见。自从国家治理的常道发生变化，礼义教化兴起，用以端正君臣关系，用以加深父子感情。君臣之间的礼节，父子之间的亲情，充满情义并达到极致，料想弘扬道义在于人的作为。不但夏启和周诵是这样，丹朱和商均也是如此。精雕细琢，温故知新。思考的是忠和敬，谈论的是孝和仁，则可以向下照亮四海，向上映照日月星辰。当初三王教育子弟，兼顾四时的变化来按照年龄入学；将要对国内外的人民有所役使，就先用礼乐进行教化。乐用来移风易俗，礼用来安上化民。不是喜欢钟鼓的美妙声音，是将要用它宣明志向平和心神。岂是吝啬美玉绢帛，是将要克制欲望以保护自身。生长深宫之中，位居诸王之上，没有深刻思考过王业的艰难，在饮食面前不知道自我珍惜。认为富贵是自然得到，因为地位尊贵而骄傲自大，一定要放纵骄横凶暴，行事就违背礼节谦让，轻视师傅且怠慢礼仪，亲近奸邪谗佞之徒又纵欲放荡。前星之光芒马上消失，东宫之道受到败坏。虽然都是以天下作为自己的家，但经历的平坦和险阻却各不相同。有的因为有才华而升迁，有的被陷害而遭废黜。完全可以通过思考他们的吉凶，考察其中的得失。请求让我粗略地陈述一下，期望能够通过分析事例而看到其中的实质。

当初周人积累德行，于是把握契机承受了天命；依赖周文王和周武王的功绩而做了太子，开启了七百年的伟大基业。到了扶苏为秦国的太子，并非在名望上有所亏缺，以嫡长子的崇高身份，到边塞去监督偏师。刚开始的祸患是打算废掉太子，他的灾难是最终被杀掉；（胡亥）被树立为太子就违反道理，最终的结局是国家迅速灭亡。汉代统治天下长久，自然太子相继兴起。汉高祖被戚夫人迷惑而宠爱赵王如意，把天下当作儿戏。汉惠帝结交四皓听从张良，最终从容地掌握了局势。汉景帝因邓通而感到羞惭，成就了周亚夫狂暴最终被饿死的结局；终生害怕强大的吴国，起因是博戏时争执发怒。汉武帝做太子时，年龄还很小，就提出要防止年老抵制谏议，看出周亚夫居功自傲，所以能够发扬光大祖宗的事业，继承三代遗留下来的风范。刘据开了博望苑，他的名声没有长久。哀叹他的命运不好，遇到江充谗言陷害，虽然发兵诛杀了乱臣，最终因违背道义而以凶死结局。汉宣帝的太子喜欢儒术，治国的大道得到阐扬，嗟叹他在德教方面的杰出，赞美他在言论方面的忠直。初始的时候从匡衡、韦玄成那里懂得了道义，最终因弘恭、石显而造成了过错。汉成帝的各种技艺，虽然不如定陶王，不横穿皇帝的车马御道，还是考虑到了小的善行。这特别被学识通达的人所看重，理应在前代的典籍中留下美名。东汉的太子，明帝、章帝庄重敬慎，都熟知因时而施政，都通晓经义和礼节，对于敬爱的人能够付出全部的感情，对于兄弟能够给予深厚的友爱，所以能够巩固东海王留下来的事业，遵循西周时传位的传统。曹操的儿子曹丕在魏国时，没有接受过道德教化，曾经被人用妲己的故事讥讽，并且因追逐飞禽而自我感觉快乐。他虽然富有才华和学问，最终因荒淫而受到限制。曹丕把荒淫的习性留给了儿子魏明帝，用三年的时间修筑高高的土山，得到了秦始皇的奢侈，却不如汉武帝的才能。于是驱赶着群臣做劳役，也无法挽救败亡的命运。晋王司马昭的儿子司马炎宽厚仁爱，相貌仪表不凡。晋王司马昭因宠爱桃符而产生迷惑，接受了裴秀明智的建议而立司马炎为太子。竟然能够扫除了江南的战乱，所有边远的地方都来归服。晋惠帝为太子时，考察他的所作所为。当上了皇帝之后德行还是和当初一样，实在是像卫瓘说的一样可惜了皇帝的宝座。哀叹愍怀太子被废，就像狂风吹掉了沙尘。努力用聪明才智去学习经籍，也是因为习染了邪恶而自取败亡。这样怎么能够捧着祭品祭祀上天，继承这个国家！

圣上以一片慈爱之心，用至善的道理来教给子弟行事的规范。像汉代帝王一样一起在宫中议论政事，像周公一样制定了完善的典章制度。鄙视将韩非子的著作赐给天子的做法，重视儒家经世治国之术将其作为宝贝。从中咨询国家治

理措施的好坏，也用来修养自身品性使之完美。希望从愚钝的人那里听到有益的言论，虚心向历经世变的老人请求建议。期望各种事务都有序稳定，把获得人才作为首务而实现国家兴盛。帝尧因为知人善任而流传治国谋略于后世，周文王因为身边人才众多而歌咏。从正直之人中择取人才，用明镜来进行鉴察。衡量他们的器度才能，考察他们的操行品德。一定要根据事务而设置职位，不能违背规则来参与政事。如果被所听到的不当的言论迷惑，不能够准确地了解人，那么有德有才的人就都会被压抑，没有任何能力的人一定会得势。谗佞阿谀之徒竞相进身以获得献媚的机会，耽于玩乐之辈不用召唤便会自动到来。直言规谏者，因为忠信而受到惩罚，卖官受贿者，因为贿赂而获得亲近。于是破坏了我们的国家法度，败坏了我们的伦理道德。九鼎遇到了奸邪之人而离我远去，百姓希望得到安抚而归向仁君。天地化生万物，只有人最宝贵。官司得不到妥善审理，生和死就会产生不同的结果，冤屈得不到申雪，违背阴阳化生的和气。士人仕途的通达还是阻塞，取决于严苛的法律；性命的长寿还是短命，取决于贪酷的官吏。所以帝尧画衣冠象五刑，表达的是体恤老百姓的意思；夏禹看见罪人而哭泣，充分体现了哀婉同情的感情。因为依据《大壮》的卦象，才建造高的屋宇并且雕饰墙壁。帝王建造宫室楼台，难道要彩绘的房柱和拱曲的屋梁吗？有的帝王建造凌云台用以远眺，有的帝王建造通天台为了承接露水。酒足饭饱就滥用民力，导致生命困顿并且身体遭殃。所以自称要爱惜十户人家的财产，汉文帝因为弘扬节俭而留下美德；虽然建造的方圆百里的园林，周文王因能够与民同乐使老百姓如同子女一样前来归服而昌盛。在欢庆的宴会上以礼节相交往，（大禹）重视美酒可以扰乱德行。至于忘记回家并且接受上天的福祉，都在于他聪明睿智并且能够自我把持。如果他酗酒而导致昏聩，嗜酒而造成过错，也会像商纣王和灌夫一样，落得性命丧失、国家灭亡的可悲下场。所以伊尹因为人们沉湎于饮酒歌舞而制定禁令，周公因饮酒扰乱国家而留下典则。具有柔顺娴静之德的淑女，的

确是君子的好配偶。推辞乘坐御辇而回绝汉成帝的宠爱，实因班婕妤耻于做误国的嬖女；摘掉簪珥首饰而反思自己的过错，也是宣姜之所以被赞美的原因。还有给晋国带来灾祸的骊姬，使西周灭亡的褒姒。外表如同描画出来的一样非常妖冶艳丽，但对于伦常来说却是极端凶险悖逆。看到倾国倾城的容貌，应当考虑给后代的帝王留下好榜样；遇到美好的资质艳丽的容颜，应当永远以以前的史实为戒鉴。还有，春秋打猎的礼制，追逐射猎的场所，不用礼义进行节制，一定会自己导致沉迷于田猎。不是造成身体极端疲惫，就是导致内心放荡骄纵。高山深谷都不惧怕，这是奴隶一样的人；以打猎为娱乐，是僮仆做的事情。以宗庙社稷的崇高尊贵，掌握着先王留下的名号器物，同鹰犬一起追逐猎物，跨越危险还要骏马疾驰。马有倾覆摔倒的可能性，野兽因在无法生存的地方而惊骇。还是应为捕获太多而感到羞惭，难道就不因无情而内心有愧吗？

以微臣的愚钝鄙陋，有愧于所得到的不可计算的恩宠和荣耀。从草莽之间将我这无用之人选拔出来，愚陋的资质与达官显贵相并列。适逢治国的大道得到推行而天下安宁，幸喜太子册立而四方端正。在监国抚军的闲暇，经常讲谈议论学问并侃侃而谈。仰慕神思之敏捷，赞叹太子的聪明。亲自以高尚的德行礼遇贤士，行为足可以与礼义的要求相合。时光美好，天气和顺。华美的宫殿深且广啊，室中帘幕静；葱茏的树木多茂盛啊，天上风云轻；庭中花儿暗飘香啊，时光撩人笑；娇美的黄莺婉转啼啊，深情相对鸣。尽管禀受了又多又好的万物精华，尚且努力思考如何加以保养。依然恪守礼义而不知疲倦，极力专心研习以穷究精义。我受命作为史官记录王室的活动，不能在王庭上显弄文才。不同于陪侍时作《洞箫赋》使太子欢乐，也有别于作『飞盖相追随』之类的诗句。缺乏优美的言辞来歌功颂德，只想付出生命来报答恩德。请求让我下拜叩首，但愿殿下永远树立可以教化天下的好德行。继承前人的万世基业，声誉超过远古以来的所

有好名声。

唐太宗看到这篇赋后派人对李百药说：『我在皇太子那里看到你所作的赋，叙述自古以来太子的事迹来教育太子，非常简要而得体。我选你来辅佐教育太子，正是为了让你做这类事，非常适合委派给你的职务，希望你一定善始善终啊。』于是赐给他御马一匹，彩缎三百匹。

评点 李百药这篇《赞道赋》，可谓引经据典、言辞恳切，但最终未能使太子李承乾转化为一个恪守封建伦理纲常的人，可见道德教化的复杂性和艰巨性。

贞观中，太子承乾数亏礼度，侈纵日甚，太子左庶子于志宁撰《谏苑》二十卷讽之。是时太子右庶子孔颖达每犯颜进谏。承乾乳母遂安夫人谓颖达曰：『太子长成，何宜屡得面折①？』对曰：『蒙国厚恩，死无所恨。』谏诤愈切。承乾令撰《孝经义疏》，颖达又因文见意，愈广规谏之道。太宗并嘉纳之，二人各赐帛五百匹，黄金一斤，以励承乾之意。

注释 ①面折：当面批评、指责。

译文 贞观年间，太子李承乾屡次违反礼法，骄奢放纵日甚一日，太子左庶子于志宁撰写了《谏苑》二十卷来劝谏他。这时太子右庶子孔颖达也经常犯颜极谏。李承乾的乳母遂安夫人对孔颖达说：『太子已经长大了，怎么能够屡屡当面指责呢？』孔颖达回答说：『蒙受国家的厚恩，我死而无憾。』极言进谏更加恳切。李承乾命他撰写《孝经义疏》，

孔颖达又在字里行间流露出他的意见，使得规谏的途径更加广泛。唐太宗对他们二人都给予赞赏和肯定，每人赐给帛五百匹，黄金一斤，因为他们激励了李承乾的缘故。

评点 道德品质培养中，知行是相辅相成的两个方面，知之而不能行，在道德修养上也是失败的。正如戈直所说：『当时李承乾虽然违背礼度作风奢侈，但对于文史典籍、规劝教诲也没有一概拒绝，这难道不是知不困难，但行却困难吗？』

贞观十三年，太子右庶子张玄素以承乾颇以游畋①废学，上书谏曰：

臣闻皇天无亲，惟德是辅②，苟违天道，人神同弃。然古三驱之礼，非欲教杀，将为百姓除害，故汤罗一面，天下归仁③。今苑内娱猎，虽名异游畋，若行之无恒④，终亏雅度⑤。且傅说曰：『学不师古，匪说攸闻⑥。』然则弘道在于学古，学古必资师训。既奉恩诏，令孔颖达侍讲，望数存顾问，以补万一。仍博选有名行学士，兼朝夕侍奉。览圣人之遗教，察既往之行事，日知其所不足，月无忘其所能。此则尽善尽美，夏启、周诵焉足言哉！夫为人上者，未有不求其善，但以性不胜情，耽惑成乱。耽惑既甚，忠言尽塞，所以臣下苟顺，君道渐亏。古人有言：『勿以小恶而不去，小善而不为。』故知祸福之来，皆起于渐。殿下地居储贰，当须广树嘉猷⑦。既有好畋之淫，何以主斯匕鬯？慎终如始，犹恐渐衰，始尚不慎，终将安保！

承乾不纳。玄素又上书谏曰：

臣闻称皇子入学而齿胄⑧者，欲令太子知君臣、父子、尊卑、长幼之道。然君臣之义，父子之亲，尊卑之序，长幼之节，用之方寸⑨之内，弘之四海之外者，皆因行以远闻，假言以光被。伏惟殿下，睿质已隆，尚须学文以饰其表。窃见孔颖达、赵弘智等，非惟宿德鸿儒，亦兼达政要。望令数得侍讲，开释⑩物理，览古论今，增辉睿德。至如骑射畋游，酣歌妓玩，苟悦耳目，终秽心神。渐染既久，必移情性。古人有言：『心为万事主，动而无节即乱。』恐殿下败德之源，在于此矣。

承乾览书愈怒，谓玄素曰：『庶子患风狂耶？』

十四年，太宗知玄素在东宫频有进谏，擢授银青光禄大夫，行太子左庶子。时承乾尝于宫中击鼓，声闻于外，玄素叩阁请见，极言切谏。乃出宫内鼓对玄素毁之，遣户奴伺玄素早朝，阴以马檛⑪击之，殆至于死。是时承乾好营造亭观，穷极奢侈，费用日广。玄素上书谏曰：

臣以愚蔽，窃位两宫⑫，在臣有江海之润，于国无秋毫之益，是用⑬必竭愚诚，思尽臣节者也。伏惟储君之寄，荷戴殊重，如其积德不弘，何以嗣守成业？圣上以殿下亲则父子，事兼家国，所应用物不为节限。恩旨未逾六旬，用物已过七万，骄奢之极，孰云过此？龙楼⑭之下，惟聚工匠；望苑⑮之内，不睹贤良。今言孝敬，则阙侍膳问竖⑯之礼；语恭顺，则违君父慈训之方；求风声，则无学古好道之实；观举措，则有因缘⑰诛戮之罪。宫臣⑱正士，未尝在侧，群邪淫巧，昵近深宫。爱好者皆游伎杂色⑲，施与⑳者并图画雕镂。在外瞻仰，已有此失；居中隐密，宁可胜计哉！宣猷禁门㉑，不异阛阓㉒，朝入暮出，恶声渐远。右庶子赵弘智经明行修，当今善士，臣每请望数召进，与之谈论，庶广徽猷㉓。令旨反有猜嫌，谓臣妄相推引。从善如流，尚恐不逮；饰非拒谏，必是招损。古人云：『苦药利病，苦口利行。』伏愿居安思危，日慎一日。

书入，承乾大怒，遣刺客将加屠害，俄属宫废。

注释

①游畋：出游打猎。②皇天无亲，惟德是辅：出自《尚书·蔡仲之命》。皇天：对上天及天神的尊称。③汤罗一面，天下归仁：《史记·殷本纪》记载：『汤出，见野张网四面，祝曰：「自天下四方皆入吾网。」汤曰：「嘻，尽之矣！」乃去其三面，祝曰：「欲左，左。欲右，右。不用命，乃入吾网。」诸侯闻之，曰：「汤德至矣，及禽兽。」』④无恒：即不经，不遵循礼度，没有节制。⑤雅度：正式的礼义法度。⑥学不师古，匪说攸闻：出自《尚书·说命下》：『事不师古，以克永世，匪说攸闻。』⑦嘉猷：好的言行。⑧齿胄：指太子入学与公卿之子依年龄为序。⑨方寸：指心。

⑩开释：解释。⑪马檛：马鞭子。檛：音zhuā，鞭子。⑫窃位：谦词，谓才德不称，窃取名位。两宫：太子所居的东宫和皇帝所居的上台的合称。⑬是用：因此。⑭龙楼：汉代太子宫门名，借指太子所居之宫。⑮望苑：即博望苑，代指太子宫。⑯问竖：向宫中服侍的仆从询问皇帝的状况。竖：宫中供役使的小臣或宦官。⑰因缘：罗织罪名，加以构陷。⑱宫臣：指太子的属官。⑲游伎：指不务正业的歌舞艺人。杂色：古代戏曲中的角色名，指生、旦、净、末、丑以外的可以扮演任何人物的角色。⑳施与：施行和参与。㉑宣猷：施展谋划与方略。禁门：宫门，宫廷。㉒阛阓：音huán huì，街市，街道，借指民间。㉓徽猷：美善之道。

译文

贞观十三年（639年），太子右庶子张玄素因为李承乾过度沉迷于出游打猎而荒废了学业，上书劝谏说：

我听说上天对人不分亲疏，只保佑那些有德行的人，如果违背了天道，人民和天神都会抛弃他。然而古代有三驱的狩猎礼制，不是打算引导人们杀生，而是为了替老百姓除害，所以商汤只张一面网，天下人都因他的仁慈而归附。如今在园林中打猎娱乐，虽然在名义上有别于出游狩猎，如果这样做没有节制，必将违背礼义法度。况且傅说曾经说：『学习不师法古制，我没有听说过。』既然这样，那么弘扬道义就在于学习古代，学习古代一定要借助老师的教导。您既然已经接受了皇帝的诏书，让孔颖达在您身边为您讲学，希望您能够经常向他请教，以弥补万一可能出现的差错。还要广选有名望和德行的饱学之士，一起朝夕侍奉您。观看圣人遗留下来的教训，省察前人做事的法则，每天都能够知道自己有哪些不足，每月都不会忘记自己已经掌握的东西。这样就能够达到尽善尽美，夏启、周成王又何足称道呢！作为人民的君主，没有不追求品德完善的，可是由于善良的本性不能克制情欲，所以放纵迷惑而导致混乱。放纵迷惑一旦到了非常严重的地步，忠言就都听不进去了，所以大臣和属下都苟且顺从，为君之道逐渐背离。古人说：『不要因为恶行小就不改正，善行小就不去做。』由此可知灾祸或福祉的到来，都起于逐渐的积累。殿下您身居太子之位，应当广泛树立好的言行。一旦养成了喜欢打猎的坏习惯，怎么能够主持宗庙的祭祀呢？自始至终谨慎从事，尚且害怕会逐渐懈怠，如果开始时还不谨慎，怎么能够确保以后呢！

李承乾没有采纳。张玄素又上书劝谏说：

我听说主张皇家子弟入学与公卿之子按年龄大小为序的原因，是打算让太子懂得君臣、父子、尊卑、长幼之道。然而君臣之间的忠义、父子之间的亲情、尊卑之间的次序、长幼之间的礼节，存于方寸之中，弘扬于四海之外，都是因为通过行动来使远方听到，借助言语而遍及天下。我想，殿下您圣明的天性已经非常突出，尚需要学习典章制度来装饰外在的言行。我认为，孔颖达、赵弘智等人，不仅仅是德行高尚的大儒，而且还通达为政之要。希望让他们经常在你身边讲授，解释事物的道理，浏览前人典籍探讨当今世事，增加圣德的光辉。至于像骑马射箭狩猎出游、沉迷歌舞狎玩歌妓之事，一时愉悦耳目，终将污染心神。如果熏染熏染，必然使人的性情改变。古人说：『心是万事的主宰，行无节制则乱。』恐怕殿下德行败坏的源头，就在这里啊。

李承乾看了上书之后更加生气，对张玄素说：『你疯了吗？』

贞观十四年（640年），唐太宗得知张玄素在东宫频繁向太子进谏，提拔他为银青光禄大夫，兼任太子左庶子。这时李承乾经常在宫中击鼓，声音在宫外都听得到，张玄素在宫中的小门要求进见，言辞恳切极力劝谏。太子于是取出宫中的鼓当着张玄素的面毁掉了，后来他派家奴等张玄素去早朝的时候，暗地里用马鞭子打他，差点将他打死。这时李承乾热衷于建造亭台楼榭，极尽奢侈，费用一天天增加。张玄素上书劝谏说：

臣下我以愚昧暗蔽的资质，在两宫中都窃取了名位，对于我来说这是江海一样的福泽，对于国家却连秋毫一般的好处都没有，所以一定竭尽我的诚心，想要尽到做臣子的职责。我以为，太子身上的使命、职责极为重大，如果德行积累不深厚，怎么能够继承和守住祖宗创立的功业呢？圣上因为与殿下有父子之亲，涉及的事务兼有家事和国事，所使用的财物不加以限制。这一恩典发布还不超过六十天，使用的财物已经超过了七万，骄纵奢侈到了极点，还有谁超过这个限度呢？龙楼之下，聚集的只有工匠；东宫之中，没看到一个贤良之士。如今谈到孝敬，则缺少侍膳问安的礼节；说到恭顺，则违背君父谆谆教诲的法则；讲求声誉，则没有学习古人追求道义的事实；察看举措，则有罗织罪名杀人的罪过。属官中的正直之士，没有人在身边，一帮奸邪巧诈之徒，在深宫中受到亲近。喜欢的都是些不务正业的歌舞艺人，施行参与的都是些图画雕镂之类的事情。从外面看，已经看到这些过失；居住在宫中没有被人发觉的事情，怎么能够计算得过来呢！施展治国谋略的宫廷，和民间没有区别，早晚人来人往之间，恶名会传得越来越远。右庶子赵弘智经学精湛品德高尚，是当今的贤士，我数次请求希望能够经常召见他，与他谈论，也许能够拓展美善之道。您的心里反而有所猜疑，说我是妄加引荐。从善如流，尚且害怕有做得不到的地方；文过饰非拒绝劝谏，必会由此带来损失。古人说：『苦药利于治病，苦口利于行动。』我希望您能够居安思危，一天比一天谨慎。

书呈上去，李承乾看了之后大怒，派遣刺客想要加害张玄素，不久之后他的太子就被废了。

评点 在道德教育中，如果没有制度约束，只靠说服和劝导，总难免显得苍白无力。张玄素之于李承乾，便是典型的例子。

贞观十四年，太子詹事于志宁，以太子承乾广造宫室，奢侈过度，耽好声乐，上书谏曰：

臣闻克俭节用，实弘道之源；崇侈恣情，乃败德之本。是以凌云概①日，戎人于是致讥；峻宇雕墙，《夏书》以之作诫②。昔赵盾匡晋，吕望师周，或劝之以节财，或谏之以厚敛。莫不尽忠以佐国，竭诚以奉君，欲使茂实③播于无穷，英声被乎物听④。咸著简策，用为美谈。且今所居东宫，隋日营建，睹之者尚讥其侈，见之者犹叹甚华。何容于此中更有修造，财帛日费，土木不停，穷斤斧之工，极磨砻⑤之妙？且丁匠官奴⑥入内，比者曾无复监。此等或兄犯国章，或弟罹王法，往来御苑，出入禁闱，钳凿缘其身，槌杵在其手。监门本防非虑⑦，宿卫以备不虞，直长既自不知，千牛又复不见。爪牙⑧在外，厮役⑨在内，所司何以自安，臣下岂容无惧？

又郑、卫之乐，古谓淫声⑩。昔朝歌之乡，回车者墨翟⑪；夹谷之会，挥剑者孔丘⑫。先圣既以为非，通贤将以为失。顷闻宫内，屡有鼓声，大乐伎儿⑬，入便不出。闻之者股栗，言之者心战。往年口敕，伏请重寻，圣旨殷勤，明诫恳切。在于殿下，不可不思；至于微臣，不得无惧。

臣自驱驰宫阙，已积岁时，犬马尚解识恩，木石犹能知感，臣所有管见，敢不尽言。如鉴以丹诚，则臣有生路；若责其忤旨，则臣是罪人。但悦意取容，

臧孙方以疾疢；犯颜逆耳，《春秋》比之药石⑭。伏愿停工巧之作，罢久役之人，绝郑、卫之音，斥群小⑮之辈。则三善允备，万国作贞矣。

承乾览书不悦。

十五年，承乾以务农之时，召驾士⑯等役，不许分番⑰，人怀怨苦。又私引突厥群竖入宫。志宁上书谏曰：

臣闻上天盖高⑱，日月光其德；明君至圣，辅佐赞其功。是以周诵升储，见匡毛、毕⑲；汉盈居震⑳，取资黄、绮。姬旦抗法于伯禽，贾生陈事于文帝，咸殷勤于端士，皆恳切于正人。历代贤君，莫不丁宁于太子者，良以地膺上嗣，位处储君。善则率土沾其恩，恶则海内罹其祸。近闻仆寺、司驭、驾士、兽医，始自春初，迄兹夏晚，常居内役，不放分番。或家有尊亲，阙于温清㉑；或室有幼弱，绝于抚养。春既废其耕垦，夏又妨其播殖。事乖存育，恐致怨嗟。倘闻天听，后悔何及？又突厥达哥支等，咸是人面兽心，岂得以礼义期，不可以仁信待。心则未识于忠孝，言则莫辩其是非，近之有损于英声，昵之无益于盛德。引之入閤，人皆惊骇，岂臣庸识，独用不安？殿下必须上副至尊圣情，下允黎元本望，不可轻微恶而不避，无容略小善而不为。理敦杜渐之方，

须有防萌之术。屏退不肖，狎近贤良。如此则善道日隆，德音自远。

承乾大怒，遣刺客张师政、纥干承基就舍杀之。是时丁母忧㉒，起复㉓为詹事。二人潜入其第，见志宁寝处苫庐㉔，竟不忍而止。及承乾败，太宗知其事，深勉劳之。

注释

①概：遮蔽，遮盖。②峻宇雕墙，《夏书》以之作诫：《尚书·五子之歌》有：『内作色荒，外作禽荒，甘酒嗜音，峻宇彫墙，有一于此，未或不亡。』峻宇彫墙：高大的屋宇、彩绘的墙壁。《夏书》：《尚书》中《禹贡》、《甘誓》、《五子之歌》、《胤征》四篇，亦称《夏书》，即记载夏代史实的书。③茂实：盛美的德业。④物听：众人的议论。⑤磨砻：磨石，引申为磨制，打磨。⑥丁匠：夫役和工匠。官奴：没入官府的奴隶。⑦非虑：意外。⑧爪牙：比喻勇士、卫士。⑨厮役：干杂事劳役的奴隶，泛指受人驱使的奴仆。⑩淫声：淫邪的乐声，古代以雅乐为正声，以俗乐为淫声。⑪朝歌之乡，回车者墨翟：《淮南子·说山训》中说：『墨子非乐，不入朝歌之邑。』因墨子主张『非乐』，所以到了朝歌之后，认为名字不祥，就驱车返回了。朝歌：古地名，在今河南省北部的淇县，商纣王曾在此建都。乡：城市之外的地区。⑫夹谷之会，挥剑者孔丘：《孔子家语·相鲁》记载：齐鲁夹谷会盟时，孔子为鲁相。『齐奏宫中之乐，俳优侏儒戏于前。孔子趋进，历阶而上，不尽一等，曰：「匹夫荧侮诸侯，罪应诛，请右司马速刑焉。」于是斩侏儒，手足异处。齐侯惧，有惭色。』夹谷：古地名，春秋齐地，故址当在今山东莱芜夹谷峪。⑬大乐：官名，汉代太常属官有大乐令，掌国家祭祀时奏乐及大飨之乐舞。伎儿：指歌舞艺人。⑭悦意取容，臧孙方以疾疢；犯颜逆耳，《春秋》比之药石：《左传·襄公二十三年》记载：『臧孙曰：「季孙之爱我，疾疢也。孟孙之恶我，药石也。美疢不如恶石。夫石犹生我，疢之美，其毒滋多。孟孙死，吾亡无日矣。」』疾疢：疾病。药石：药剂和砭石，泛指药物。⑮群小：众小人。⑯驾士：导引帝王车驾之士。⑰分番：轮值。⑱上天盖高，不敢不局：出自《诗经·小雅·正月》：『谓天盖高，不敢不局。』⑲毛、毕：指辅佐周成王的毛叔和郑毕公。⑳居震：《易·说卦》有：『震为雷……为长子。』这里指居太子之位。㉑温凊：寒暖，借指生活起居。㉒丁忧：古代遭逢父母丧事，子女要守丧，三年内不做官，不婚娶，不赴宴，不应考。㉓起复：古代官员遭父母丧，守制尚未满期而应召任职。㉔苫庐：古代在亲丧中所居之室。苫：草垫子。

贞观政要精注精译精评

译文

贞观十四年（640年），太子詹事于志宁因为太子李承乾大规模营建宫室，奢侈过度，沉迷于声乐，上书劝谏说：

我听说厉行节俭节约费用，实为弘扬道义的源泉；崇尚奢侈放纵情欲，乃是败坏德行的根本。所以宫室上达云端遮蔽太阳，北方民族的人因此而讥笑；高大的屋宇、彩绘的墙壁，《夏书》对此提出训诫。当年赵盾辅佐晋国，吕望为周朝的太师，有的劝君主节约用度，有的谏止君主加重赋税。莫不是尽忠以辅佐国家，竭诚以侍奉君主，想要使君主盛美的德业传播到无限远的地方，君主英明的名声广及人们的议论。这些都被记载到史书之中，成为美谈。况且您如今所居住的东宫，是隋朝时所建，目睹的人仍然讥讽它的奢侈，看见的人还要感叹它的豪华。怎么能够在这样的宫室之中再进一步进行修造，每天要耗费财物，土木建筑没有休止，竭尽斧斤砍削的技艺华美，穷极磨石打磨的美妙极致？何况夫役工匠、官府的奴隶进入东宫，近来缺乏检查和监督。这些人中有的可能是兄长违犯了国家的制度，有的可能是弟弟受到了王法的处置，往来于皇家苑林，出入于禁宫之中，身上带着钳子、凿子，手里拿着槌子、木棒。看门人本来是为了防止意外事件，禁卫军是为了防范不测发生，直长官自己已经不了解情况，千牛官又看不到。武士在外面，仆役在宫内，警卫部门怎么能够安心，臣下们怎么能够不担心。

另外，郑、卫等地的音乐，古代就被称为淫声。当初朝歌城外，驱车返回的是墨翟；齐鲁夹谷会盟，挥剑而起的是孔丘。前代的圣人认为这样做不对，一般的贤人将认为这样做是过失。近来听到东宫之中，经常有钟鼓之声，乐官和艺人，进入宫中就不再出来。听到此事的人两股战栗，谈论此事的人心惊胆颤。往年皇帝给您的口头敕令，希望您能够重新温习，圣上的意图殷切之至，告诫清楚言辞恳切。对于殿下您来说，不能不考虑；对于微臣我来说，不能不戒惧。

我自从来宫里任职，已经一年有余，犬马尚且知道记住恩德，木石都能够知道心意相通，我的一点短浅见识，怎敢不完全吐露出来呢。如果您考虑到我的一片赤诚，那么我还有活路；如果您责怪我忤逆您的心意，那么我就会成为罪人。然而，迎合心意获取容纳，臧孙将此比喻为疾患；当面顶撞忠言逆耳，《春秋》中将此比喻为治病的良药。希望能够停止工匠们的营建，解散长期服役的人，禁绝郑、卫俗乐，斥退奸邪小人。那么三善一定能够完备，天下祥和安宁。

李承乾看了上书之后不高兴。

贞观十五年（641年），李承乾在农忙时节，召集服役之人到宫中引导车驾，并且不许轮值，人们心里都感到怨愤不满。又招了一批突厥的宦官到宫中，于志宁上书劝谏说：

我听说上天极高，日月使其德行更加光辉；明君至圣，臣属使其功业更加辉煌。所以周武王的儿子姬诵当上太子，被毛叔和郑毕公辅佐；汉高祖的儿子刘盈当上太子，寻求夏黄公、绮里季帮助。周公姬旦用法度严格要求儿子伯禽，贾谊向汉文帝陈述事理，都是对贤能之士态度殷切，对正直的人心存恳切。历代贤明的君主，没有不谆谆告诫太子的，实在是因为他的地位是天子的继承人，身份为将来的皇帝。太子如果善则天下都能够感受到他的恩德，如果恶则全国都要

遭受他的祸殃。近来听说仆寺、司驭、驾士、兽医等在宫中当值的人，从春天开始，一直到夏末，都要一直在宫中服役，不让他们轮值。他们有的家中有双亲，缺人照顾起居；或者家中有幼小的孩子，没有人来抚养。春天已经耽误了他们耕田，夏天又耽误他们播种。这样做与存养百姓的要求相违背，恐怕会导致人们怨愤。倘若被皇帝知道了，后悔还来得及吗？另外，突厥的达哥支等人，都是人面兽心，怎么能够期望他们有礼义，也不能够用仁信来对待。考察他们的内心，则不知道什么是忠孝，听听他们的言语，则不知道什么是是非，靠近他们有损于殿下的英明，亲近他们无益于殿下的德行。把他们领到宫里来，人人都感到担心，难道只是我的心里感到不安吗？殿下您必须对上与天子的情感相符，对下与老百姓的愿望一致，不能够轻视小的恶行而不避免，不允许忽略小的善行而不去做。原则上必须要强化防微杜渐的方法，应当有防患于未然的措施。屏退奸邪之徒，亲近贤良之士。这样就能够使善道日益隆盛，美名自然远播。

李承乾看了之后非常生气，派刺客张师政、纥干承基到于志宁的家中去刺杀他。这时恰逢于志宁的母亲去世需要守丧，丧期未满起复为詹事。二人偷偷到了他的家里，看到于志宁正在苫庐之中睡在草垫子上，竟然不忍心加害而放弃了刺杀。等到李承乾事败之后，唐太宗知道了这件事，深深地劝勉、安慰他。

评点 『多行不义必自毙』，从李承乾对待张玄素、于志宁等人的态度来看，他最终被废黜的结局也是必然的。